천자문 쓰기
125일 완성

홍 진 복 편저

머/리/말

우리가 일상 생활에서 쓰는 말의 60% 이상을 차지하는 한자어는 우리 말과 뗄레야 뗄 수 없는 깊은 관계를 맺고 있습니다.
그러므로 우리가 우리말을 더 잘하기 위해서는 한자를 정확하게 그리고 많이 아는 것이 매우 중요합니다.

이 책은 예로부터 한자를 처음 배우는 사람들에게 한자의 교과서 겸 쓰기 교본으로 사용되어 온 천자문을 어린이들이 더욱 쉽고 효과적으로 익힐 수 있도록 하기 위해 만든 책입니다.
천자문은 중국 양(梁) 나라 무제(武帝)의 명을 받은 주흥사(周興嗣, 470?~521)가 1,000자의 한자로 사언일구(四言一句)를 이구일련(二句一聯)으로 하여 지은 250구의 고체시(古體詩)로, 단 한 번도 중복된 글자가 없다는 것이 큰 특징입니다.
또한 천자문을 주흥사가 단 하룻밤 사이에 짓고 백발이 되어 버렸다는 일설이 있어 '백수문(白首文)'이라고도 합니다.
천자문의 내용은 우주와 자연에 대한 것부터 인간의 도리와 인륜 도덕, 그리고 중국의 명승지와 서울에 대한 자세한 묘사에 이르기까지 참으로

광범위합니다. 그러므로 천자문을 단순히 한자만 가르치는 책으로 생각해서는 안 됩니다. 그 속에서 우리는 여러 가지 지식과 지혜 그리고 바른 마음가짐과 태도까지도 함께 배울 수 있기 때문입니다.

이 책은 '쓰기'에 중점을 두어 어린이들이 한자를 눈으로만 익히지 않고 손으로 직접 한 자 한 자 반복하여 써 봄으로써 한자를 더욱 확실하게 기억하고 익히도록 하였습니다. 또한 각 한자의 필순을 상세히 보여 줌으로써 어린이들이 처음부터 한자를 정확한 필순에 따라 쓰도록 하였습니다.

1,000자나 되는 천자문을 꾸준히 공부한다는 것이 분명 쉬운 일은 아니지만, 끝까지 해내는 사람은 틀림없이 자신의 한자 실력뿐 아니라, 자신의 내면도 성큼 자라 있음을 경험하게 될 것입니다.

차/례

■ 머리말
■ 차 례
■ 필순

千字文

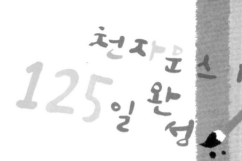

필/순

한자를 쓰는 순서를 필순이라고 하는데, 이 필순을 제대로 이해하고 있으면 자연스럽게 한자를 써내려 갈 수 있으며, 한자의 구조를 이해하거나 글자를 예쁘게 쓰는 데 큰 도움이 됩니다.

1. 위에서 아래로 씁니다.	예	一　二　三
2. 왼쪽에서 오른쪽으로 씁니다.	예	丿　川　川
3. 가로, 세로가 교차될 때에는 가로 획을 먼저 씁니다.	예	一　十　土
4. 좌우가 대치되는 글자는 가운데를 먼저 쓰고 왼쪽, 오른쪽의 순서대로 씁니다.	예	亅　小　小
5. 몸과 안이 있을 때에는 몸부터 씁니다.	예	冂　冃　同
6. 에워싼 글자는 안을 먼저 쓰고, 마지막에 닫습니다.	예	冂　國　國
7. 가운데를 꿰뚫는 획은 나중에 씁니다.	예	冂　口　中
8. 허리를 끊는 획은 나중에 씁니다.	예	母　母　母
9. 아래로 에운 획은 나중에 씁니다.	예	乛　㐬　也
10. 위에서 아래로 에워싼 획은 먼저 씁니다.	예	乛　力
11. 받침은 나중에 씁니다.	예	厂　斤　近
12. 오른쪽 위에 있는 점은 맨 나중에 씁니다.	예	一　大　犬

天地玄黃 (천지현황)

하늘은 아득히 멀어 그 빛이 검고 땅은 그 빛이 누르며,

天 하늘 천	• **天地**(천지) : 하늘과 땅. • **天下**(천하) : 온 세상. 一 二 テ 天 天 天 天	
地 땅 지	• **地名**(지명) : 땅 이름. • **地下**(지하) : 땅 속. 一 十 土 圵 圤 地 地 地 地	
玄 검을 현	• **玄米**(현미) : 벼의 껍질만 벗기고 낟알을 찧지 않은 쌀. • **玄鶴**(현학) : 검은 학. 丶 二 亠 玄 玄 玄 玄 玄	
黃 누를 황	• **黃金**(황금) : '금(金)'을 누른빛을 띤다는 뜻에서 달리 이르는 말. • **黃砂**(황사) : 누른빛의 모래. 一 十 卄 艹 苧 苧 芇 芇 莆 莆 黃 黃 黃 黃 黃	

宇宙洪荒 (우주홍황)

하늘과 땅 사이는 매우 넓고 커서 끝이 없다.

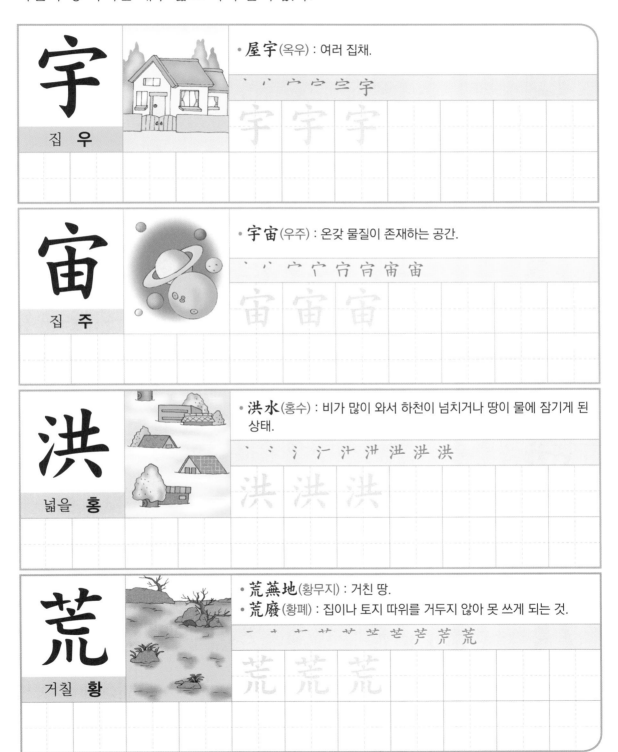

宇
집 우

• 屋宇(옥우) : 여러 집채.

`丶 宀 宀 亇 宇 宇`

宇 宇 宇

宙
집 주

• 宇宙(우주) : 온갖 물질이 존재하는 공간.

`丶 宀 宀 宀 宁 宁 宙 宙`

宙 宙 宙

洪
넓을 홍

• 洪水(홍수) : 비가 많이 와서 하천이 넘치거나 땅이 물에 잠기게 된 상태.

`丶 丶 氵 氵 汁 汁 泮 洪 洪`

洪 洪 洪

荒
거칠 황

• 荒蕪地(황무지) : 거친 땅.
• 荒廢(황폐) : 집이나 토지 따위를 거두지 않아 못 쓰게 되는 것.

`一 十 十 艹 艹 艹 芒 芒 荒 荒`

荒 荒 荒

日月盈昃 (일월영측)

해는 서쪽으로 기울고 달도 차면 기울어지며,

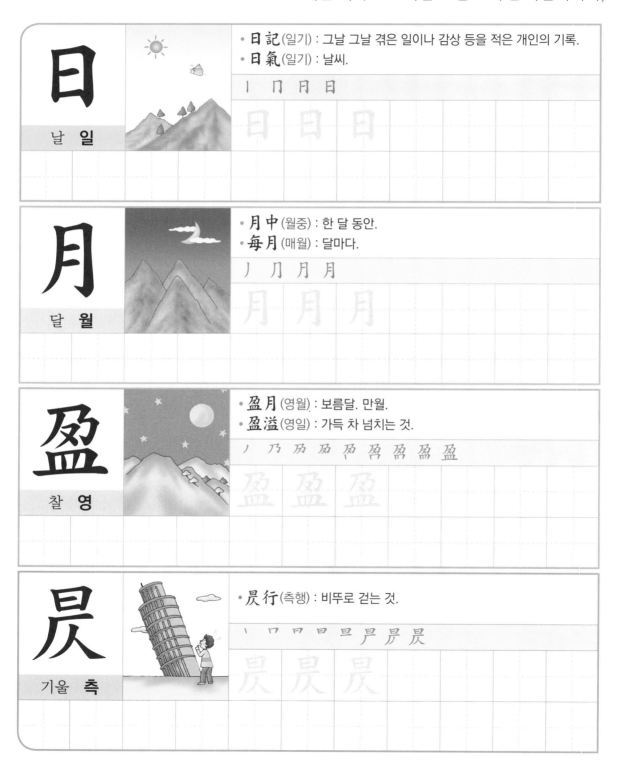

日 날 일		• 日記(일기) : 그날 그날 겪은 일이나 감상 등을 적은 개인의 기록. • 日氣(일기) : 날씨. 丨冂月日

月 달 월		• 月中(월중) : 한 달 동안. • 每月(매월) : 달마다. 丿几月月

盈 찰 영		• 盈月(영월) : 보름달. 만월. • 盈溢(영일) : 가득 차 넘치는 것. 丿乃及及及盈盈盈盈

昃 기울 측		• 昃行(측행) : 비뚜로 걷는 것. 丨冂冂日旦尸昃昃

辰宿列張 (진숙열장)

별들도 제자리가 있어 하늘에 넓게 펼쳐져 있다.

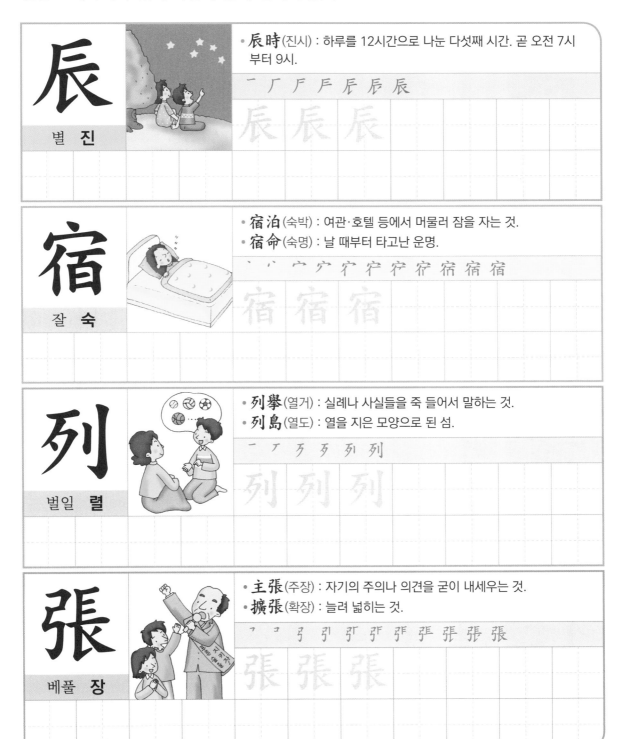

辰
별 진

• **辰時**(진시) : 하루를 12시간으로 나눈 다섯째 시간. 곧 오전 7시부터 9시.

一 厂 厂 厅 辰 辰 辰

辰 辰 辰

宿
잘 숙

• **宿泊**(숙박) : 여관·호텔 등에서 머물러 잠을 자는 것.
• **宿命**(숙명) : 날 때부터 타고난 운명.

丶 宀 宀 宀 宀 宀 宿 宿 宿

宿 宿 宿

列
벌일 렬

• **列擧**(열거) : 실례나 사실들을 죽 들어서 말하는 것.
• **列島**(열도) : 열을 지은 모양으로 된 섬.

一 厂 歹 歹 列 列

列 列 列

張
베풀 장

• **主張**(주장) : 자기의 주의나 의견을 굳이 내세우는 것.
• **擴張**(확장) : 늘려 넓히는 것.

ᄀ ᄀ ᄀ 引 引 引 张 张 張 張

張 張 張

3일차 寒來暑往(한래서왕)

추위가 오면 더위가 가고,

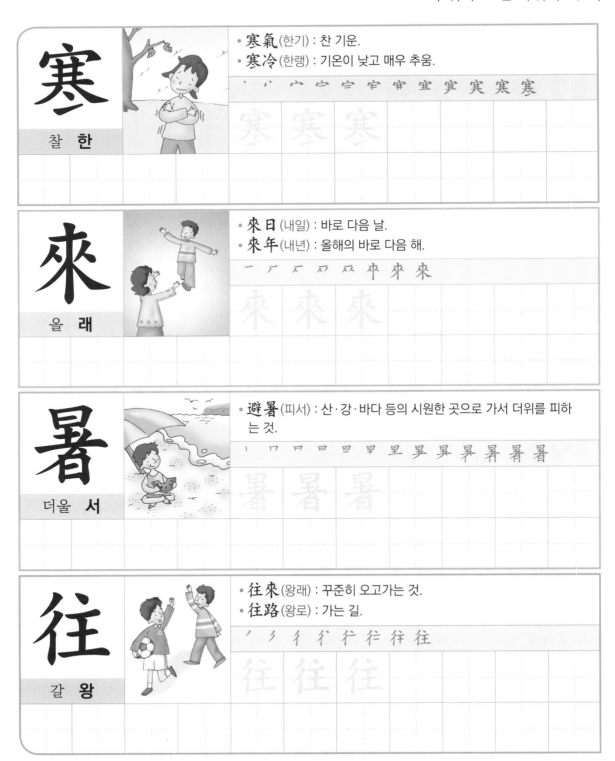

寒 **찰 한**
- 寒氣(한기) : 찬 기운.
- 寒冷(한랭) : 기온이 낮고 매우 추움.

丶丶宀宀宁宇审审宩宩寒寒寒

來 **올 래**
- 來日(내일) : 바로 다음 날.
- 來年(내년) : 올해의 바로 다음 해.

一一丆丆夾夾冉來來

暑 **더울 서**
- 避暑(피서) : 산·강·바다 등의 시원한 곳으로 가서 더위를 피하는 것.

丨冂冂日旦旱早昇昇昇暑暑

往 **갈 왕**
- 往來(왕래) : 꾸준히 오고가는 것.
- 往路(왕로) : 가는 길.

丿夕彳彳彳彳往往

12

秋收冬藏 (추수동장)

가을에는 곡식을 거두어들이고 겨울에는 곡식을 저장해 둔다.

秋 가을 추

- **秋山**(추산) : 가을철의 산.
- **秋夕**(추석) : 음력 8월 15일로 우리 나라 명절의 하나.

一 二 千 禾 禾 禾 秒 秋 秋

秋 秋 秋

收 거둘 수

- **秋收**(추수) : 가을에 익은 곡식을 거두어들이는 일.
- **收金**(수금) : 받을 돈을 거두어들이는 것.

丨 丩 丩 收 收

收 收 收

冬 겨울 동

- **立冬**(입동) : 24절기의 하나로, 겨울이 시작되는 절기.
- **秋冬**(추동) : 가을과 겨울.

ノ ク 久 冬 冬

冬 冬 冬

藏 감출 장

- **貯藏**(저장) : 물건을 어느 곳에 간수하여 두는 것.
- **藏書**(장서) : 책을 간직하여 두는 것. 또는 그 책.

一 十 艹 艹 芹 芦 茓 茓 莁 莁 莁 莁 莁 藏 藏 藏

藏 藏 藏

閏餘成歲 (윤여성세)

절기의 남은 시간을 모아 윤달로 해를 이루었고,

※ 음력으로 한 해를 계산하면 10일이 남아 3년이 지나면 새로 한 달이 남게 된다. 그래서 4년마다 윤달을 두어 13달로 한 해를 만들었다.

閏
윤달 **윤**

• **閏月** (윤월) : 윤달.
• **閏年** (윤년) : 윤달이 드는 해.

丨 丆 丆 丆 丆 丆 門 門 門 門 閏 閏 閏

閏 閏 閏

餘
남을 **여**

• **餘暇** (여가) : 일이 없어 한가하게 남는 시간.
• **餘生** (여생) : 노인의, 앞으로 얼마 남지 않은 인생.

丿 亽 亽 亽 亽 今 亽 俞 俞 飠 飠 飠 餘 餘 餘

餘 餘 餘

成
이룰 **성**

• **成功** (성공) : 목적을 이룸.
• **成敗** (성패) : 일의 성공과 실패.

丿 厂 厂 F 瓦 成 成 成

成 成 成

歲
해 **세**

• **萬歲** (만세) : 영원한 삶.
• **歲月** (세월) : 흐르는 시간.

丨 ⺊ ⺊ 止 止 产 产 岸 岸 歲 歲 歲

歲 歲 歲

律呂調陽 (율려조양)

율과 여로 천지간의 양기를 고르게 하니 율은 양이요 여는 음이다.

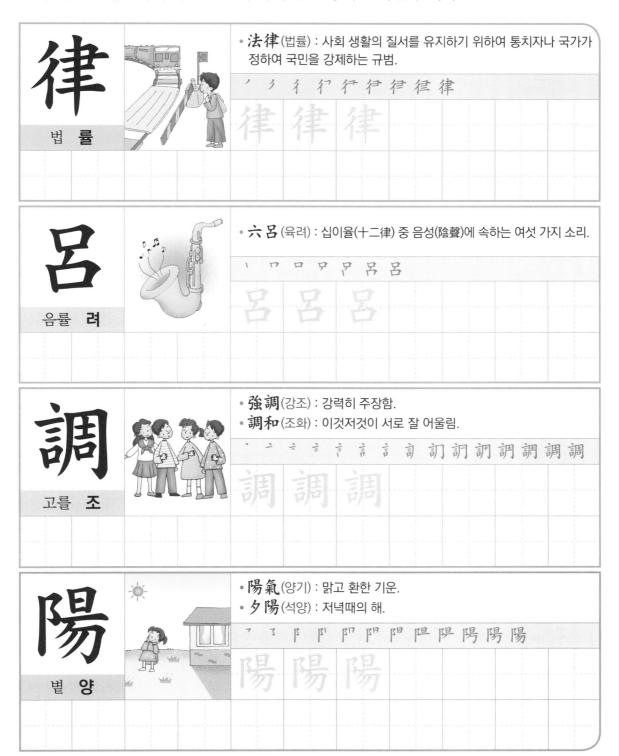

律
법 률

- **法律**(법률) : 사회 생활의 질서를 유지하기 위하여 통치자나 국가가 정하여 국민을 강제하는 규범.

丿 ㇗ 彳 彳 彳 彳 律 律 律

呂
음률 려

- **六呂**(육려) : 십이율(十二律) 중 음성(陰聲)에 속하는 여섯 가지 소리.

丨 冂 口 口 尸 尸 呂 呂

調
고를 조

- **強調**(강조) : 강력히 주장함.
- **調和**(조화) : 이것저것이 서로 잘 어울림.

丶 ㇀ 亠 亖 亖 言 言 言 訂 訂 訒 調 調 調 調

陽
볕 양

- **陽氣**(양기) : 맑고 환한 기운.
- **夕陽**(석양) : 저녁때의 해.

㇖ ㇏ 阝 阝 阝 阝 阹 阴 阳 阳 陽 陽

雲騰致雨(운등치우)

수증기가 올라가 구름이 되고 두터워지면 비를 내리며,

| 雲 구름 운 |  | • **雲海**(운해) : 구름에 덮인 바다. 바다처럼 널리 깔린 구름.
• **雲集**(운집) : 구름처럼 많이 모임.

一 厂 戶 币 币 雪 雪 雪 雲 雲 雲

雲 雲 雲 |

| 騰 오를 등 |  | • **騰落**(등락) : 물가 따위가 오르고 내리는 것.

丿 刀 月 月 月 月` 胖 胖 朕 朕 腾 腾 腾 腾
騰 騰 騰 騰 騰

騰 騰 騰 |

| 致 이를 치 |  | • **一致**(일치) : 생각이나 사실이 하나로 맞음.
• **致命**(치명) : 죽을 지경에 이름.

一 エ エ 至 至 至 到 致 致 致

致 致 致 |

| 雨 비 우 |  | • **雨量**(우량) : 비가 온 분량.
• **雨天**(우천) : 비가 내리는 하늘. 비가 오는 날.

一 厂 厂 币 币 雨 雨 雨 雨

雨 雨 雨 |

露結爲霜(노결위상)

이슬이 맺혀 찬 기운과 만나면 서리가 된다.

露 이슬 로		• 白露(백로) : 24절기 중 16번째 절기.
		一 一
		露 露 露 露 露
		露　露　露

結 맺을 결		• 結婚(결혼) : 부부로서의 법률적 관계를 맺는 것. • 結末(결말) : 일을 맺는 끝.
		幺 幺 幺 糸 糸 糸 糹 糺 結 結 結 結
		結　結　結

爲 할 위		• 爲政者(위정자) : 정치를 하는 사람. • 爲主(위주) : 주되는 것으로 삼는 것.
		一 一 一 一 一 一 一 一 一 一 爲 爲 爲 爲
		爲　爲　爲

霜 서리 상		• 霜雪(상설) : 서리와 눈. 눈서리. • 星霜(성상) : 세월.
		一 一 一 一 一 一 一 一 一 一 一 一 一 一 一 霜 霜
		霜　霜　霜

金生麗水(금생려수)

금은 여수에서 많이 나고,

※ 여수(麗水)는 중국의 강 이름을 말하며, 곤강(崑岡)은 중국의 산 이름을 말한다.

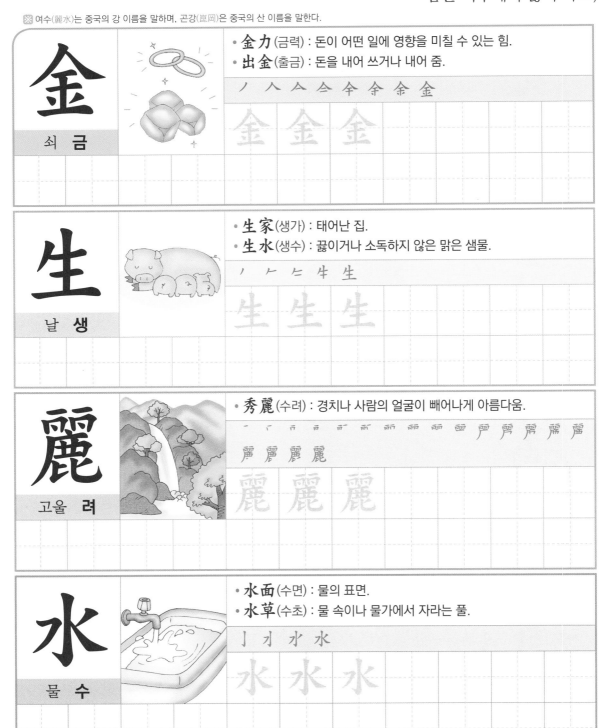

金
쇠 금

- **金力** (금력) : 돈이 어떤 일에 영향을 미칠 수 있는 힘.
- **出金** (출금) : 돈을 내어 쓰거나 내어 줌.

ノ 人 人 스 수 余 余 金 金

金 金 金

生
날 생

- **生家** (생가) : 태어난 집.
- **生水** (생수) : 끓이거나 소독하지 않은 맑은 샘물.

ノ ノ ヒ 生 生

生 生 生

麗
고울 려

- **秀麗** (수려) : 경치나 사람의 얼굴이 빼어나게 아름다움.

一 ナ 戸 币 币 而 丽 丽 丽 丽 严 严 丽 丽

麗 麗 麗 麗

麗 麗 麗

水
물 수

- **水面** (수면) : 물의 표면.
- **水草** (수초) : 물 속이나 물가에서 자라는 풀.

亅 기 水 水

水 水 水

玉出崑岡 (옥출곤강)

옥은 곤강에서 많이 난다.

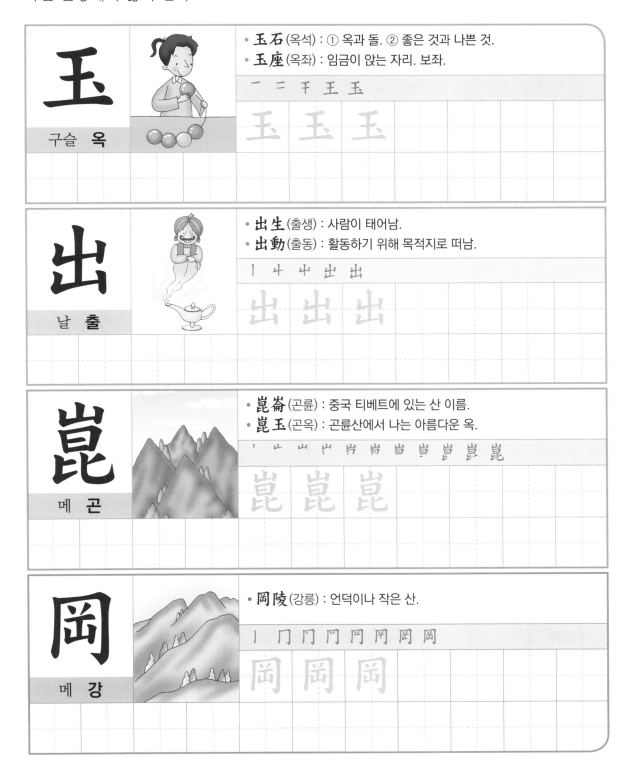

玉 구슬 옥

- **玉石** (옥석) : ① 옥과 돌. ② 좋은 것과 나쁜 것.
- **玉座** (옥좌) : 임금이 앉는 자리. 보좌.

一 二 干 王 玉

玉 玉 玉

出 날 출

- **出生** (출생) : 사람이 태어남.
- **出動** (출동) : 활동하기 위해 목적지로 떠남.

丨 屮 屮 出 出

出 出 出

崑 메 곤

- **崑崙** (곤륜) : 중국 티베트에 있는 산 이름.
- **崑玉** (곤옥) : 곤륜산에서 나는 아름다운 옥.

丨 山 山 尸 屵 屵 峃 峃 崑 崑

崑 崑 崑

岡 메 강

- **岡陵** (강릉) : 언덕이나 작은 산.

丨 冂 冂 冏 冈 冈 岡 岡

岡 岡 岡

劍號巨闕(검호거궐)

칼은 거궐이라 이름하고,

※ 거궐(巨闕)은 구야자가 만든 보검(寶劍)으로, 조나라의 국보였다.

劍 칼 검		• 劍客(검객) : 검술을 잘 하는 사람. • 短劍(단검) : 양쪽에 날이 있는 짧은 칼.
		ノ ㇏ ㇏ ㇏ ㇏ 刅 刅 刅 刅 刅 刅 刅 剱 剱 劍 劍
		劍 劍 劍

號 이름 호		• 番號(번호) : 차례를 나타내는 호수. • 赤信號(적신호) : 위험 신호.
		㇏ 口 口 므 号 号 号 號 號 號 號 號 號
		號 號 號

巨 클 거		• 巨木(거목) : 아주 굵고 큰 나무. • 巨匠(거장) : 예술계에서 두드러지게 뛰어난 사람.
		一 厂 𠤗 𠤦 巨
		巨 巨 巨

闕 대궐 궐		• 大闕(대궐) : 궁궐.
		㇑ ㇆ ㇆ 門 門 門 門 門 門 門 門 門 闕 闕 闕 闕
		闕 闕 闕

珠稱夜光(주칭야광)

구슬은 빛이 낮과 같이 밝아 야광이라 일컬었다.

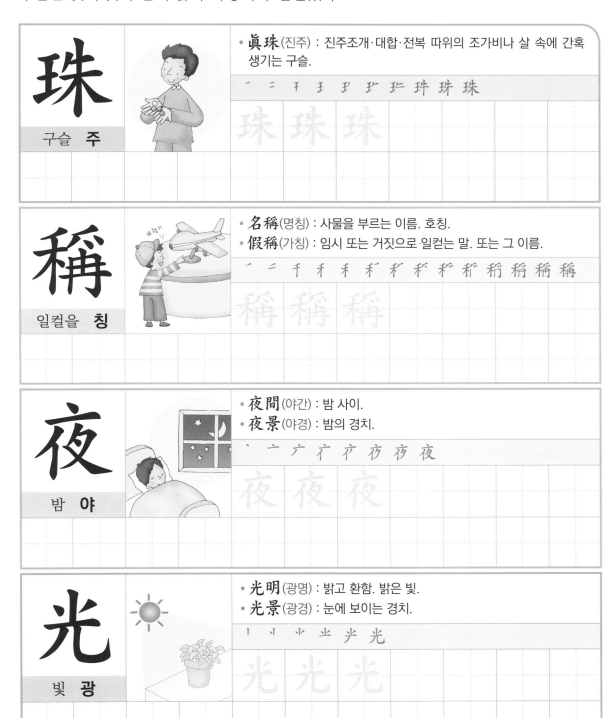

珠
구슬 주

- **眞珠**(진주) : 진주조개·대합·전복 따위의 조가비나 살 속에 간혹 생기는 구슬.

一 二 干 王 王 王 玗 珍 珠 珠 珠

珠 珠 珠

稱
일컬을 칭

- **名稱**(명칭) : 사물을 부르는 이름. 호칭.
- **假稱**(가칭) : 임시 또는 거짓으로 일컫는 말. 또는 그 이름.

一 二 千 矛 矛 矛 科 稻 稻 稱 稱 稱 稱

稱 稱 稱

夜
밤 야

- **夜間**(야간) : 밤 사이.
- **夜景**(야경) : 밤의 경치.

一 亠 广 广 疒 夜 夜 夜

夜 夜 夜

光
빛 광

- **光明**(광명) : 밝고 환함. 밝은 빛.
- **光景**(광경) : 눈에 보이는 경치.

丨 丬 丬 业 业 半 光

光 光 光

果珍李柰(과진리내)

과일 중에서는 오얏과 능금이 으뜸이고,

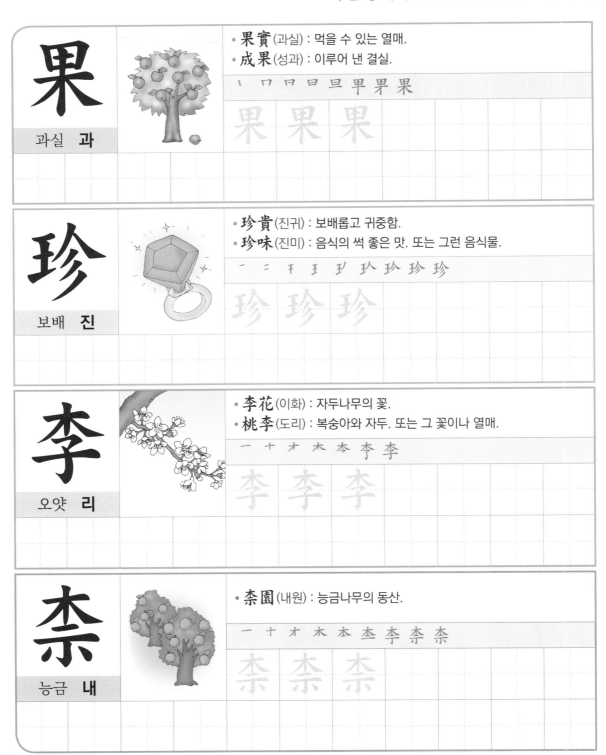

果 과실 **과**
- **果**實(과실) : 먹을 수 있는 열매.
- 成**果**(성과) : 이루어 낸 결실.

丨 冂 日 日 旦 甲 果 果

果 果 果

珍 보배 **진**
- **珍**貴(진귀) : 보배롭고 귀중함.
- **珍**味(진미) : 음식의 썩 좋은 맛. 또는 그런 음식물.

一 二 干 王 王 玗 珍 珍 珍

珍 珍 珍

李 오얏 **리**
- **李**花(이화) : 자두나무의 꽃.
- 桃**李**(도리) : 복숭아와 자두. 또는 그 꽃이나 열매.

一 十 才 木 本 李 李

李 李 李

柰 능금 **내**
- **柰**園(내원) : 능금나무의 동산.

一 十 才 木 本 柰 李 柰 柰

柰 柰 柰

菜重芥薑 (채중개강)

채소 중에서는 겨자와 생강이 가장 중요하다.

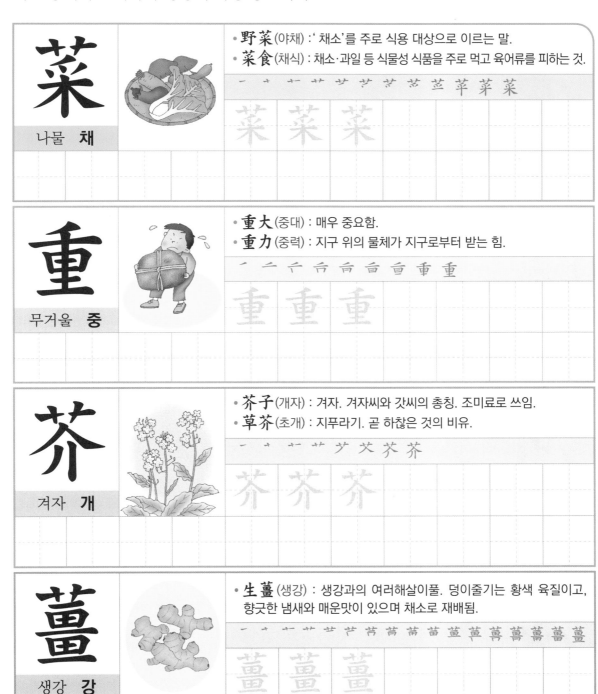

菜

나물 채

- **野菜**(야채) : '채소'를 주로 식용 대상으로 이르는 말.
- **菜食**(채식) : 채소·과일 등 식물성 식품을 주로 먹고 육어류를 피하는 것.

一 十 卄 卝 产 芯 苙 苹 苹 菜

重

무거울 중

- **重大**(중대) : 매우 중요함.
- **重力**(중력) : 지구 위의 물체가 지구로부터 받는 힘.

一 二 千 斤 斤 盲 盲 重 重

芥

겨자 개

- **芥子**(개자) : 겨자. 겨자씨와 갓씨의 총칭. 조미료로 쓰임.
- **草芥**(초개) : 지푸라기. 곧 하찮은 것의 비유.

一 十 卄 卝 艻 艾 芥 芥

薑

생강 강

- **生薑**(생강) : 생강과의 여러해살이풀. 덩이줄기는 황색 육질이고, 향긋한 냄새와 매운맛이 있으며 채소로 재배됨.

一 十 卄 卝 芢 芦 芦 苩 苗 畺 畺 蕈 蕈 薑 薑 薑

海鹹河淡 (해함하담)

바닷물은 짜나 강물은 싱겁고,

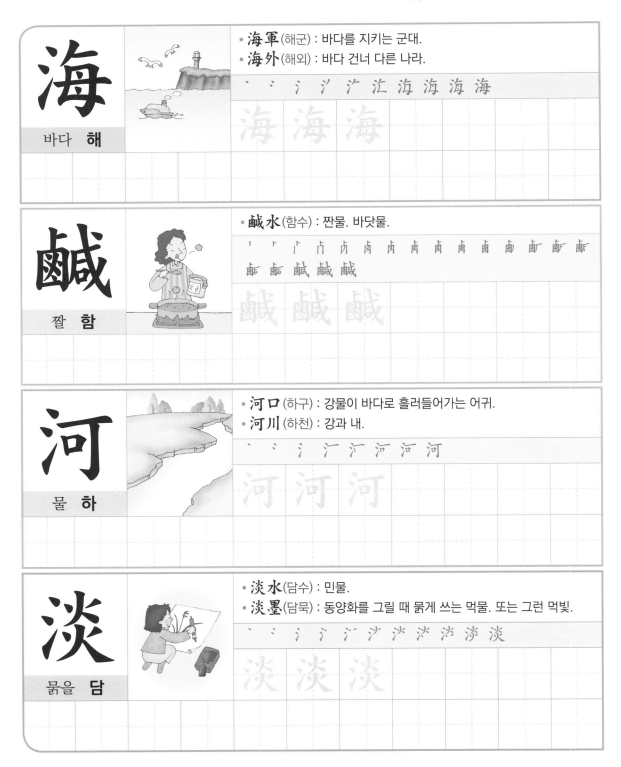

海
바다 **해**

• 海軍(해군) : 바다를 지키는 군대.
• 海外(해외) : 바다 건너 다른 나라.

丶 丶 氵 氵 浐 浐 海 海 海 海

鹹
짤 **함**

• 鹹水(함수) : 짠물. 바닷물.

丶 ト ト 广 产 卤 卤 卤 卤 卤 鹵 鹵 鹵 鹵 鹵
鹹 鹹 鹹 鹹 鹹

河
물 **하**

• 河口(하구) : 강물이 바다로 흘러들어가는 어귀.
• 河川(하천) : 강과 내.

丶 丶 氵 氵 浐 浐 河 河 河

淡
묽을 **담**

• 淡水(담수) : 민물.
• 淡墨(담묵) : 동양화를 그릴 때 묽게 쓰는 먹물. 또는 그런 먹빛.

丶 丶 氵 氵 浐 沙 沙 泸 淡 淡 淡

鱗潛羽翔(인잠우상)

비늘이 있는 물고기는 물 속에 잠기고 날개가 있는 새는 하늘을 난다.

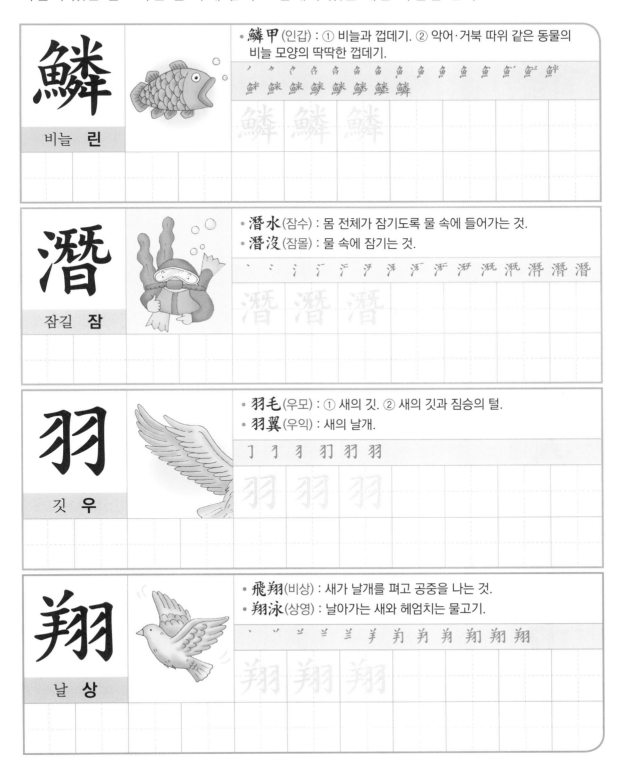

鱗 비늘 린

鱗甲(인갑) : ① 비늘과 껍데기. ② 악어·거북 따위 같은 동물의 비늘 모양의 딱딱한 껍데기.

ノ ク ク 各 各 各 鱼 鱼 魚 魚 魚 魚 魚 鮮
鮮 鮮 鱗 鱗 鱗 鱗 鱗 鱗

鱗　鱗　鱗

潛 잠길 잠

潛水(잠수) : 몸 전체가 잠기도록 물 속에 들어가는 것.
潛沒(잠몰) : 물 속에 잠기는 것.

丶 丶 氵 氵 浐 浐 浐 浐 浐 潜 潜 潜 潛 潛 潛

潛　潛　潛

羽 깃 우

羽毛(우모) : ① 새의 깃. ② 새의 깃과 짐승의 털.
羽翼(우익) : 새의 날개.

丁 刁 刁 刃 羽 羽 羽

羽　羽　羽

翔 날 상

飛翔(비상) : 새가 날개를 펴고 공중을 나는 것.
翔泳(상영) : 날아가는 새와 헤엄치는 물고기.

丶 丷 丷 彐 彐 彐 羊 羽 羽 羽 翔 翔 翔

翔　翔　翔

龍師火帝(용사화제)

고대의 제왕으로 용사 복희씨와 화제 신농씨가 있었고,

※ 복희씨는 용(龍)자로 벼슬 이름을 붙였고, 신농씨는 화(火)자로 벼슬 이름을 붙였으며, 소호씨는 새 이름으로 벼슬 이름을 정했고, 황제는 인문을 갖추었

龍 / 용 룡

• 龍宮(용궁) : 바닷속에 있다고 하는 용왕의 궁전.
• 龍顔(용안) : 임금의 얼굴.

｀ 一 亠 ｱ ｹ ｹ 产 亨 育 育 青 背 背 龍 龍 龍 龍

龍 龍 龍

師 / 스승 사

• 師事(사사) : 어떤 사람을 스승으로 섬겨 가르침을 받는 것.
• 師弟(사제) : 스승과 제자.

｀ ｨ ｨ ｨ ｨ ｢ 自 自 皀 皍 師 師

師 師 師

火 / 불 화

• 火力(화력) : 불의 힘.
• 消火(소화) : 불을 끄는 일.

｀ ｀ ｀ 少 火

火 火 火

帝 / 임금 제

• 帝國(제국) : 황제가 다스리는 나라.
• 帝王(제왕) : 황제 또는 국왕의 총칭.

｀ 一 亠 ㅗ 끄 产 产 产 帝 帝

帝 帝 帝

鳥官人皇 (조관인황)

또 조관 소호씨와 인황씨가 있었다.

으므로 인황이라 하였다.

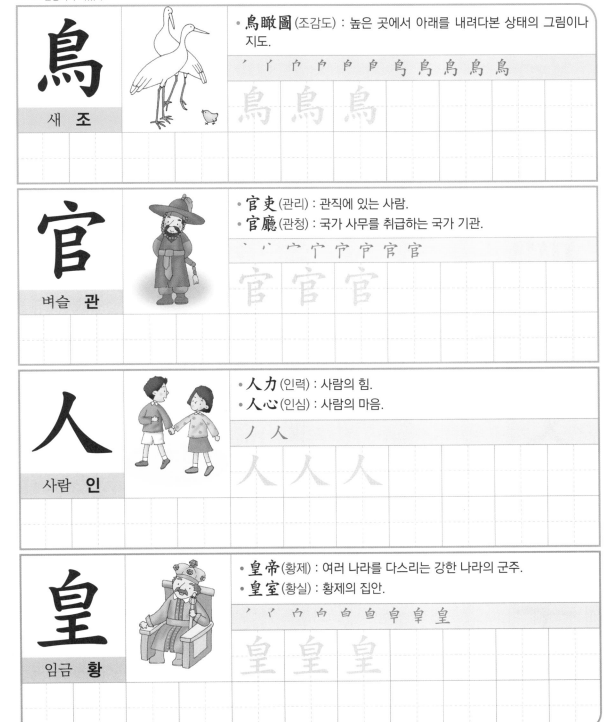

鳥 새 조		• **鳥瞰圖**(조감도) : 높은 곳에서 아래를 내려다본 상태의 그림이나 지도.

` ′ ⺁ ⺁ ⺁ ⺁ 鳥 鳥 鳥 鳥 鳥

鳥 鳥 鳥

官 벼슬 관		• **官吏**(관리) : 관직에 있는 사람. • **官廳**(관청) : 국가 사무를 취급하는 국가 기관.

丶 丶 宀 宀 官 官 官 官

官 官 官

人 사람 인		• **人力**(인력) : 사람의 힘. • **人心**(인심) : 사람의 마음.

丿 人

人 人 人

皇 임금 황		• **皇帝**(황제) : 여러 나라를 다스리는 강한 나라의 군주. • **皇室**(황실) : 황제의 집안.

′ ⺀ 白 白 白 白 皇 皇 皇

皇 皇 皇

始制文字 (시제문자)

복희씨는 창힐을 시켜 처음으로 글자를 만들었으며,

始 비로소 **시**		• **開始**(개시) : 행동이나 일 따위를 시작함. • **始初**(시초) : 맨 처음.

ㄥ ㄙ ㄠ 女 如 如 始 始

制 지을 **제**		• **制服**(제복) : 단체나 기관 등에서, 그 구성원들이 입게 되어 있는 일 정한 색깔과 모양의 옷.

㇋ ㄟ ㄣ ㄅ 生 缶 制 制

文 글월 **문**		• **文字**(문자) : 글자. 의사 소통을 위한 기호. • **文學**(문학) : 인간의 사상을 언어로 나타낸 예술.

㇔ 一 ナ 文

字 글자 **자**		• **字數**(자수) : 글자의 수. • **正字**(정자) : 서체가 바르고 또박또박 쓴 글자.

㇔ ㇒ 宀 宀 宁 字

乃服衣裳 (내복의상)

황제 때에 호조라는 사람이 처음으로 옷을 만들어 입도록 하였다.

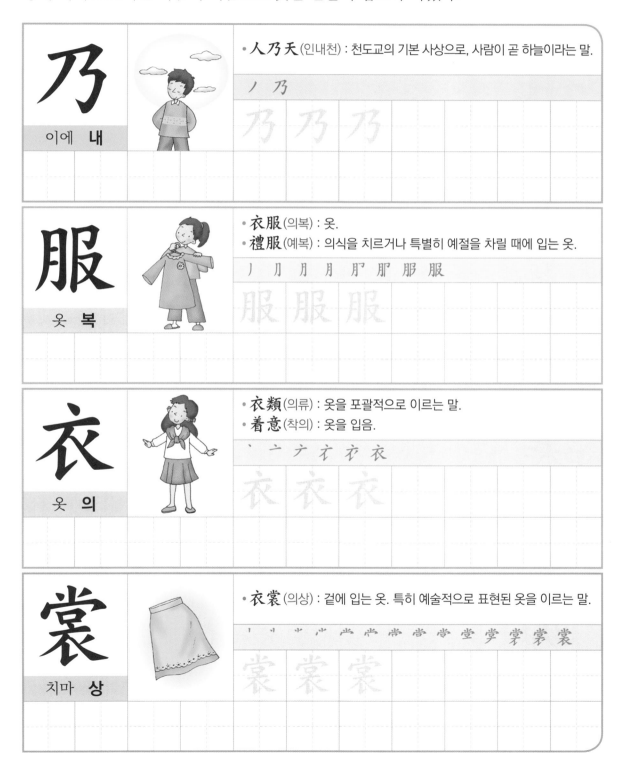

乃
이에 **내**

- **人乃天** (인내천) : 천도교의 기본 사상으로, 사람이 곧 하늘이라는 말.

丿 乃

乃 乃 乃

服
옷 **복**

- **衣服** (의복) : 옷.
- **禮服** (예복) : 의식을 치르거나 특별히 예절을 차릴 때에 입는 옷.

丿 刀 刀 月 肝 朋 服 服

服 服 服

衣
옷 **의**

- **衣類** (의류) : 옷을 포괄적으로 이르는 말.
- **着意** (착의) : 옷을 입음.

丶 一 ナ 亠 衣 衣

衣 衣 衣

裳
치마 **상**

- **衣裳** (의상) : 겉에 입는 옷. 특히 예술적으로 표현된 옷을 이르는 말.

丶 丷 丷 屵 屵 屵 尚 尚 尚 党 党 党 常 裳

裳 裳 裳

推位讓國 (추위양국)

천자(황제)의 자리를 미루고 나라를 사양하였으니,

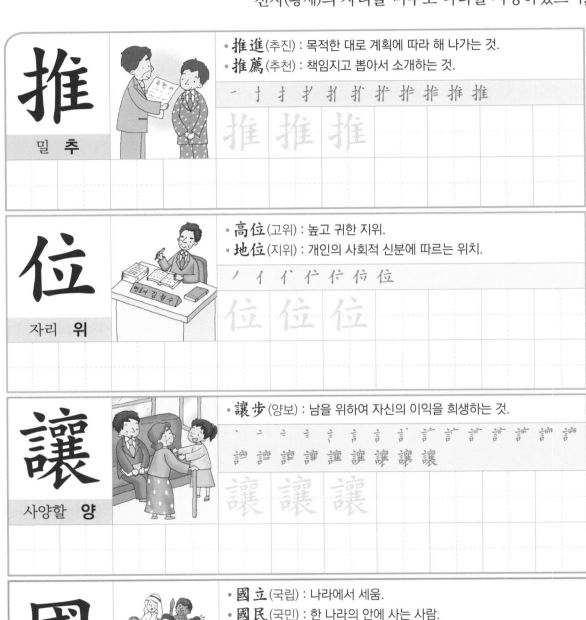

推 밀 추

- **推進**(추진) : 목적한 대로 계획에 따라 해 나가는 것.
- **推薦**(추천) : 책임지고 뽑아서 소개하는 것.

一 亅 扌 扌 扌 扩 扩 扩 拃 拃 推 推

推 推 推

位 자리 위

- **高位**(고위) : 높고 귀한 지위.
- **地位**(지위) : 개인의 사회적 신분에 따르는 위치.

丿 亻 亽 仁 付 位 位

位 位 位

讓 사양할 양

- **讓步**(양보) : 남을 위하여 자신의 이익을 희생하는 것.

丶 亠 亠 言 言 言 言 言 言 詸 詸 詸 詸 詸 詸 詸 譲 譲 譲 讓 讓

讓 讓 讓

國 나라 국

- **國立**(국립) : 나라에서 세움.
- **國民**(국민) : 한 나라의 안에 사는 사람.

丨 冂 冃 冃 同 同 囯 國 國 國 國

國 國 國

有虞陶唐(유우도당)

유우씨 순임금과 도당씨 요임금이었다.

有
있을 **유**

- **有力**(유력) : 힘이 있음.
- **有名**(유명) : 세상에 이름이 널리 알려져 있음.

ノ ナ オ 有 有 有

有　有　有

虞
나라이름 **우**

- **虞犯**(우범) : 성격·환경 등에 비추어 죄를 범하거나 법령에 저촉될 우려가 있음.

丿 广 广 广 卢 虍 虍 虑 虞 虞 虞 虞 虞

虞　虞　虞

陶
질그릇 **도**

- **陶器**(도기) : 질그릇. 오지그릇.
- **陶工**(도공) : 옹기장이.

フ 3 阝 阝 阽 阽 阽 陶 陶 陶 陶

陶　陶　陶

唐
당나라 **당**

- **唐宋**(당송) : 중국의 당나라와 송나라.
- **唐詩**(당시) : 중국 당나라의 시인들이 지은 한시(漢詩).

丶 亠 广 户 户 庐 庐 唐 唐 唐

唐　唐　唐

弔民伐罪 (조민벌죄)

괴로운 일을 당한 백성은 돕고 죄지은 임금은 벌하였으니,

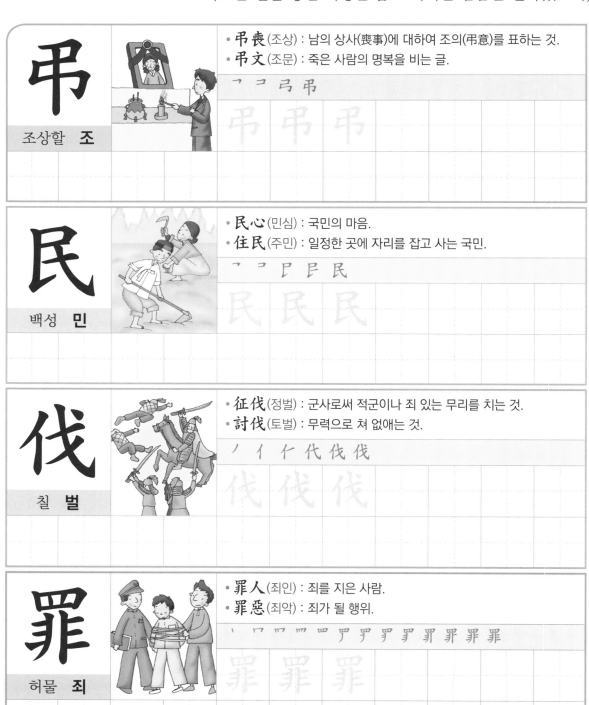

| 弔 조상할 조 | • 弔喪(조상) : 남의 상사(喪事)에 대하여 조의(弔意)를 표하는 것. |
| | • 弔文(조문) : 죽은 사람의 명복을 비는 글. |

`ㄱ ㄱ ㅋ ㅋ 弔`

| 民 백성 민 | • 民心(민심) : 국민의 마음. |
| | • 住民(주민) : 일정한 곳에 자리를 잡고 사는 국민. |

`ㄱ ㄱ ㅋ ㅌ ㅌ 民`

| 伐 칠 벌 | • 征伐(정벌) : 군사로써 적군이나 죄 있는 무리를 치는 것. |
| | • 討伐(토벌) : 무력으로 쳐 없애는 것. |

`ノ イ 亻 代 伐 伐`

| 罪 허물 죄 | • 罪人(죄인) : 죄를 지은 사람. |
| | • 罪惡(죄악) : 죄가 될 행위. |

`丶 冂 罒 罒 罒 罒 罪 罪 罪 罪 罪 罪 罪`

周發殷湯(주발은탕)

주나라 무왕 발과 은나라 임금 탕이었다.

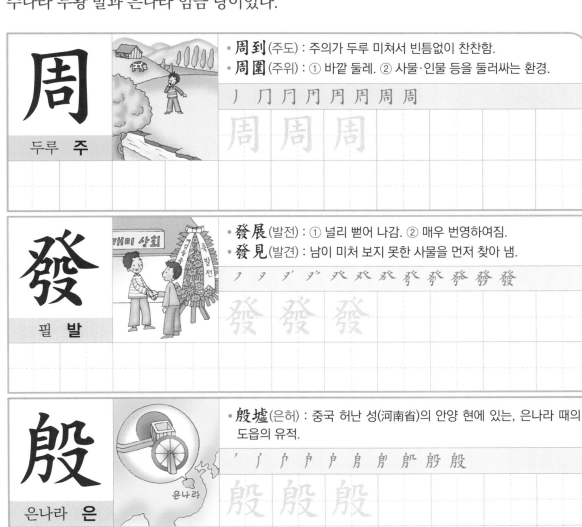

周 두루 **주**	• 周到(주도) : 주의가 두루 미쳐서 빈틈없이 찬찬함. • 周圍(주위) : ① 바깥 둘레. ② 사물·인물 등을 둘러싸는 환경. 丿 刀 刀 冈 冈 冈 周 周

丿 刀 刀 冈 冈 冈 周 周

周 周 周

發 필 **발**	• 發展(발전) : ① 널리 뻗어 나감. ② 매우 번영하여짐. • 發見(발견) : 남이 미처 보지 못한 사물을 먼저 찾아 냄.

フ 癶 癶 癶 癶 癶 癶 癶 發 發 發 發

發 發 發

殷 은나라 **은**	• 殷墟(은허) : 중국 허난 성(河南省)의 안양 현에 있는, 은나라 때의 도읍의 유적.

' 丿 丿 ⺆ ⺆ ⺆ 身 身 舟 殷 殷

殷 殷 殷

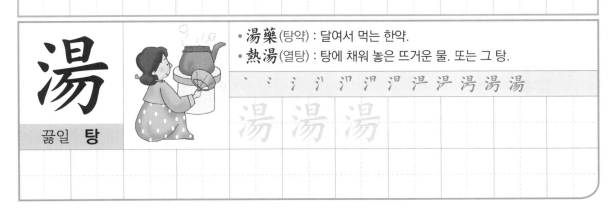

湯 끓일 **탕**	• 湯藥(탕약) : 달여서 먹는 한약. • 熱湯(열탕) : 탕에 채워 놓은 뜨거운 물. 또는 그 탕.

丶 丶 氵 氵 沪 沪 沪 沪 沪 渇 湯 湯

湯 湯 湯

坐朝問道 (좌조문도)

조정에 앉아 나라를 다스리는 법을 물으니,

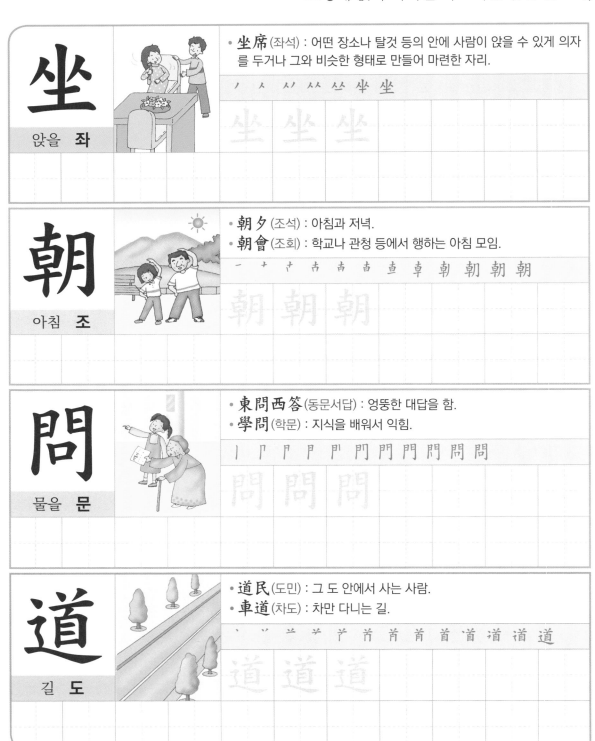

坐
앉을 **좌**

- **坐席** (좌석) : 어떤 장소나 탈것 등의 안에 사람이 앉을 수 있게 의자를 두거나 그와 비슷한 형태로 만들어 마련한 자리.

丿 人 𠃊 𠃊 坐 坐 坐

朝
아침 **조**

- **朝夕** (조석) : 아침과 저녁.
- **朝會** (조회) : 학교나 관청 등에서 행하는 아침 모임.

一 十 十 古 古 占 卓 卓 朝 朝 朝 朝

問
물을 **문**

- **東問西答** (동문서답) : 엉뚱한 대답을 함.
- **學問** (학문) : 지식을 배워서 익힘.

丨 丨 𨸏 𨸏 𨸏 門 門 門 問 問 問

道
길 **도**

- **道民** (도민) : 그 도 안에서 사는 사람.
- **車道** (차도) : 차만 다니는 길.

丶 丷 丷 뷰 뷰 芦 芦 首 首 首 道 道 道

垂拱平章 (수공평장)

임금이 공손한 몸가짐을 하고 밝고 바르게 백성을 다스렸다.

垂
드리울 **수**

• **垂直**(수직) : 직선과 직선, 직선과 평면, 평면과 평면 등이 서로 만나 직각을 이루는 상태.

丿 二 三 三 垂 垂 垂 垂

垂 垂 垂

拱
팔짱낄 **공**

• **拱手**(공수) : ① 왼손을 오른손 위에 놓고 두 손을 마주 잡아서 공경하는 뜻을 나타내는 예. ② 팔짱을 끼고 아무 일도 하지 않음.

一 十 扌 扌 扴 拱 拱 拱

拱 拱 拱

平
평평할 **평**

• **平衡**(평형) : 무게를 달 때, 저울대가 수평을 이루는 상태.
• **平地**(평지) : 평평한 땅.

一 厂 厂 平 平

平 平 平

章
글 **장**

• **文章**(문장) : 생각이나 느낌을 글자로 기록해 나타내는 것.
• **章程**(장정) : 규칙, 법률.

丶 亠 立 立 产 音 音 音 童 章

章 章 章

愛育黎首 (애육려수)

임금은 모든 백성을 사랑하고 잘 돌보아야 하며,

※ 여수(黎首)란 검은 머리로, 관직을 갖지 않은 일반 백성을 말하며, 융(戎)과 강(羌)은 중국 서쪽 지방에 살던 오랑캐의 이름이다.

사랑 애

- **敬愛**(경애) : 공경하고 사랑함.
- **愛國**(애국) : 나라를 사랑함.

丶 ⺊ ⺊ ⺊ ⺊ ⺊ 戶 爫 爫 愛 愛 愛 愛 愛

愛　愛　愛

育

기를 육

- **育林**(육림) : 나무를 심어 숲을 가꾸는 일.
- **生育**(생육) : 낳아서 기르는 것.

丶 ⺊ 亠 云 产 育 育 育

育　育　育

黎

검을 려

- **黎明**(여명) : ① 밝아오는 새벽. ② 희망의 빛.
- **黎民**(여민) : 검은 머리의 사람들. 곧 백성을 뜻함.

丿 一 千 禾 禾 利 利 秒 黎 黎 黎 黎 黎 黎 黎

黎　黎　黎

首

머리 수

- **首都**(수도) : 한 나라의 중앙 정부가 있는 도시.
- **首席**(수석) : 맨 윗자리.

丶 ⺊ ⺊ 并 并 产 苩 首 首

首　首　首

臣伏戎羌 (신복융강)

이와 같이 덕으로 잘 다스리면 오랑캐들도 신하가 되어 복종하게 된다.

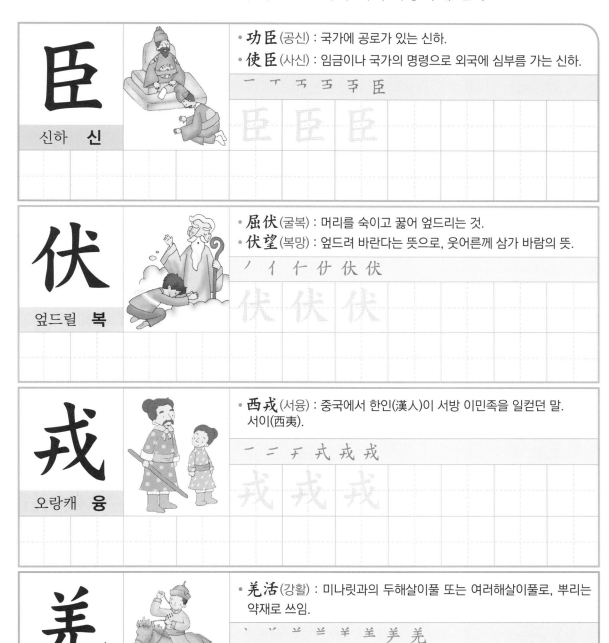

臣 〔신하 신〕

- **功臣**(공신) : 국가에 공로가 있는 신하.
- **使臣**(사신) : 임금이나 국가의 명령으로 외국에 심부름 가는 신하.

一 丁 五 五 芎 臣

臣 臣 臣

伏 〔엎드릴 복〕

- **屈伏**(굴복) : 머리를 숙이고 꿇어 엎드리는 것.
- **伏望**(복망) : 엎드려 바란다는 뜻으로, 웃어른께 삼가 바람의 뜻.

丿 亻 亻 仁 伊 伏 伏

伏 伏 伏

戎 〔오랑캐 융〕

- **西戎**(서융) : 중국에서 한인(漢人)이 서방 이민족을 일컫던 말. 서이(西夷).

一 二 于 式 戎 戎

戎 戎 戎

羌 〔오랑캐 강〕

- **羌活**(강활) : 미나릿과의 두해살이풀 또는 여러해살이풀로, 뿌리는 약재로 쓰임.

丶 丷 丷 芒 芒 羊 羊 羌 羌

羌 羌 羌

遐邇壹體(하이일체)

멀고 가까운 나라들이 왕의 덕에 감화되어 한 몸이 되고,

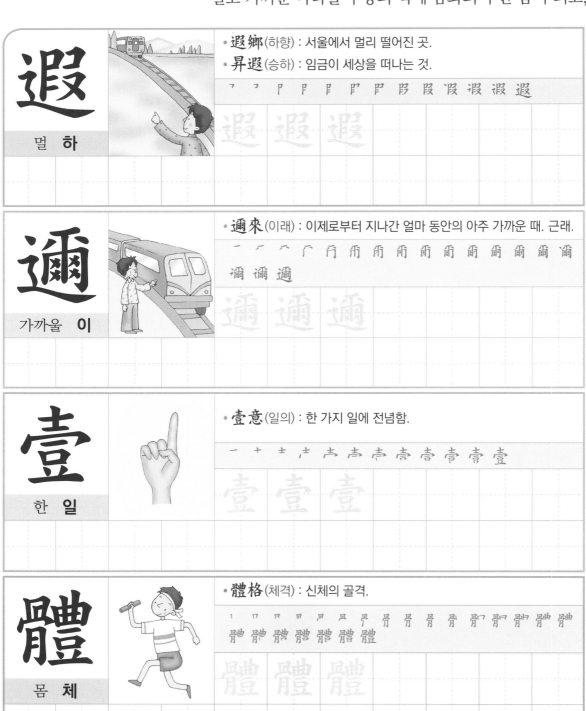

遐 멀 하

• 遐鄉(하향) : 서울에서 멀리 떨어진 곳.
• 昇遐(승하) : 임금이 세상을 떠나는 것.

｀ ｱ ｱ ｱ ｱ 尸 尸 尸 巼 段 갣 叚 遐 遐 遐

邇 가까울 이

• 邇來(이래) : 이제로부터 지나간 얼마 동안의 아주 가까운 때. 근래.

｀ ｢ ｢ ｢ ｢ 行 币 雨 雨 爾 爾 爾 爾 爾 邇
邇 邇 邇

壹 한 일

• 壹意(일의) : 한 가지 일에 전념함.

一 十 士 吉 声 声 壴 壴 壹 壹 壹 壹

體 몸 체

• 體格(체격) : 신체의 골격.

丨 冂 冂 罒 罒 罒 骨 骨 骨 骨 骨 骨 骨 骨 骨
體 體 體 體 體 體 體

率賓歸王 (솔빈귀왕)

서로 이끌고 복종하여 왕의 백성으로 돌아온다.

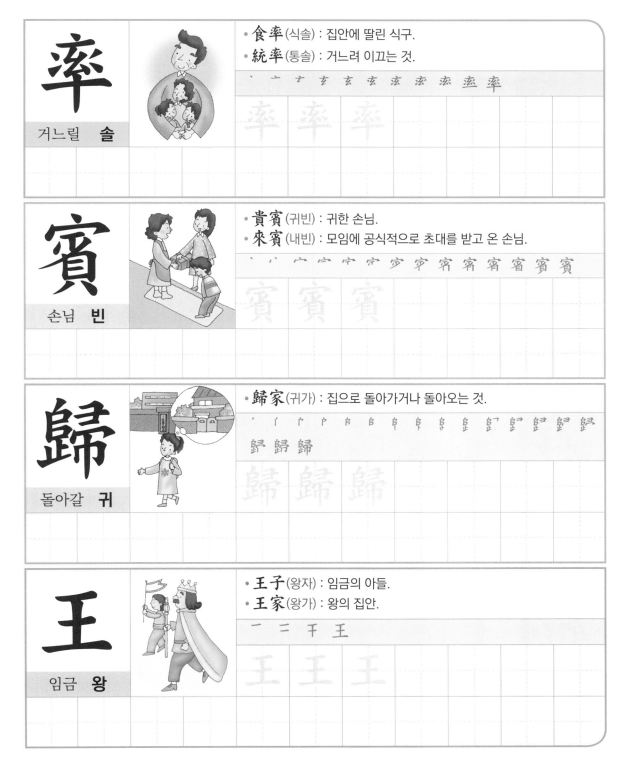

率 거느릴 **솔**

- 食率(식솔) : 집안에 딸린 식구.
- 統率(통솔) : 거느려 이끄는 것.

`ヽ 一 ナ 玄 玄 玄 玄 率 率 率 率 率`

率 率 率

賓 손님 **빈**

- 貴賓(귀빈) : 귀한 손님.
- 來賓(내빈) : 모임에 공식적으로 초대를 받고 온 손님.

`ヽ 宀 宀 宀 宀 宀 宀 窍 窍 窍 審 賓 賓`

賓 賓 賓

歸 돌아갈 **귀**

- 歸家(귀가) : 집으로 돌아가거나 돌아오는 것.

`ノ ｲ ｆ ｆ 启 自 自 自 自 自 歸 歸 歸 歸`

歸 歸 歸

歸 歸 歸

王 임금 **왕**

- 王子(왕자) : 임금의 아들.
- 王家(왕가) : 왕의 집안.

`一 二 干 王`

王 王 王

39

鳴鳳在樹(명봉재수)

훌륭한 임금과 성인이 나타나면 그 덕이 미치는 곳마다 봉황이 나무 위에서 울고,

鳴 울 명		• 鳴動(명동) : 울리어 진동함. • 鳴鐘(명종) : 종을 쳐서 울리는 것. ㅣ ㅁ ㅁ ㅁˊ ㅁㅣ ㅁˊㅣ 唣 唣 鳴 鳴 鳴 鳴 鳴 鳴 鳴 鳴
鳳 봉황새 봉		• 鳳凰(봉황) : 신령스러운 상상의 새. 수컷은 봉, 암컷은 황이라 함. • 鳳簪(봉잠) : 봉황의 모양을 머리에 새긴 큼직한 비녀. ノ 几 几 几 凡 凨 凨 凨 凨 鳳 鳳 鳳 鳳 鳳 鳳 鳳 鳳
在 있을 재		• 在中(재중) : 속에 들어 있음. • 存在(존재) : 어떤 것이 어느 곳에 실제로 있는 것. 一 ナ ナ 右 存 在 在 在 在
樹 나무 수		• 樹木(수목) : 식물로서 살아 있는 나무. • 樹種(수종) : 나무의 종류. 一 十 才 才 扌 杧 桔 桔 桔 桔 桔 桔 桔 樹 樹 樹 樹 樹

白駒食場(백구식장)

흰 망아지도 덕에 감화되어 즐겁게 마당에서 풀을 뜯어 먹는다.

白
흰 백

- **白色**(백색) : 하얀 빛깔.
- **白紙**(백지) : 흰 종이.

ノ ノ 白 白 白

白 白 白

駒
망아지 구

- **白駒**(백구) : 흰 망아지.
- **千里駒**(천리구) : 하루에 천 리를 달릴 만한 썩 빠른 좋은 말.

Ⅰ Γ Γ F F F 馬 馬 馬 馬 馬 馬 駒 駒 駒 駒

駒 駒 駒

食
밥 식

- **食口**(식구) : 같은 집에서 식사와 주거를 같이 하는 사람.
- **食後**(식후) : 식사 후.

ノ 入 入 今 今 今 食 食 食

食 食 食

場
마당 장

- **登場**(등장) : 주어진 연기나 공연을 하기 위해 무대에 나오는 것.
- **工場**(공장) : 물건을 만드는 곳.

一 十 土 圹 圻 圻 圻 圻 場 場 場

場 場 場

41

化被草木 (화피초목)

그 덕이 풀과 나무에까지도 미치니,

化
될 **화**

• **教化**(교화) : 가르쳐서 새 사람이 되게 함.
• **化合**(화합) : 두 가지 이상의 물질이 변화하여 새 물질이 됨.

ノ イ イ 化

被
입을 **피**

• **被害**(피해) : 사람이 재물을 잃거나 신체적·정신적으로 해를 입은 상태. 손해.

` ラ ネ ネ ネ 初 初 衤 被 被

草
풀 **초**

• **草食**(초식) : 식물성의 먹이만 먹음.
• **不老草**(불로초) : 먹으면 늙지 않는 풀.

一 艹 扗 扴 艿 苜 苩 苩 草

木
나무 **목**

• **木手**(목수) : 나무를 전문적으로 다루는 사람.
• **植木**(식목) : 나무를 심음.

一 十 才 木

賴及萬方(뇌급만방)

온 세상 만물들에까지 그 덕이 미친다.

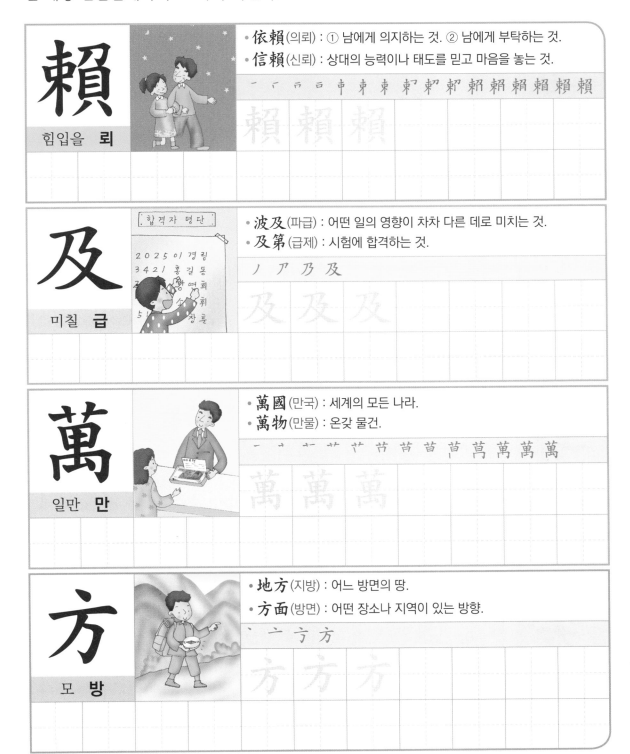

賴 힘입을 **뢰**
- **依賴**(의뢰) : ① 남에게 의지하는 것. ② 남에게 부탁하는 것.
- **信賴**(신뢰) : 상대의 능력이나 태도를 믿고 마음을 놓는 것.

及 미칠 **급**
- **波及**(파급) : 어떤 일의 영향이 차차 다른 데로 미치는 것.
- **及第**(급제) : 시험에 합격하는 것.

萬 일만 **만**
- **萬國**(만국) : 세계의 모든 나라.
- **萬物**(만물) : 온갖 물건.

方 모 **방**
- **地方**(지방) : 어느 방면의 땅.
- **方面**(방면) : 어떤 장소나 지역이 있는 방향.

蓋此身髮(개차신발)

사람의 몸과 털은 부모에게서 받은 소중한 것이며,

※ 사대(四大)는 땅(地)·물(水)·불(火)·바람(風)으로 사람의 몸을 만드는 네 가지 기운을 말하며, 오상(五常)은 인의예지신(仁義禮智信)으로 다섯 가지 기본적

蓋 덮을 개		• 蓋世 (개세) : 위력이나 기상이 세상을 덮을 만큼 뛰어남. • 蓋瓦 (개와) : 기와.

一 ナ ナ ナ 艹 艹 芣 芙 芙 荖 莘 莘 蓋 蓋

蓋　蓋　蓋

此 이 차		• 此日彼日 (차일피일) : 이날 저날로 기한을 미루는 모양. • 此後 (차후) : 이 다음.

丨 ㅏ ㅑ 止 止 此

此　此　此

身 몸 신		• 身分 (신분) : 사회적 지위. • 身手 (신수) : 용모와 풍채.

丿 亻 竹 卩 甪 身 身

身　身　身

髮 터럭 발		• 長髮 (장발) : 남자의 길게 기른 머리털. • 理髮 (이발) : 주로 남자의 머리털을 깎아 단정하게 다듬는 것.

丨 厂 F F F 토 镸 長 髟 髟 髟 髣 髮 髮

髮　髮　髮

四大五常(사대오상)

사람은 네 가지 큰 것과 다섯 가지 떳떳함을 가진다.

덕목을 말한다.

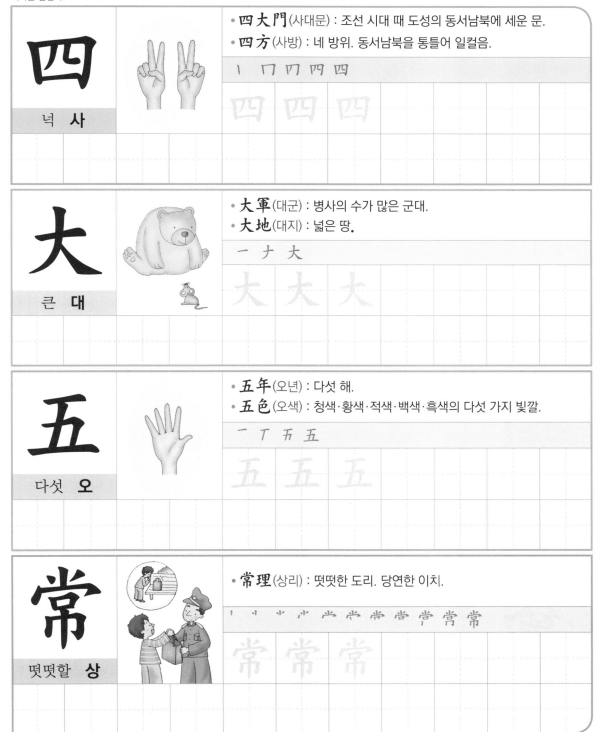

四 넉 **사**

- **四大門**(사대문) : 조선 시대 때 도성의 동서남북에 세운 문.
- **四方**(사방) : 네 방위. 동서남북을 통틀어 일컬음.

ㅣ 冂 冈 四 四

四 四 四

大 큰 **대**

- **大軍**(대군) : 병사의 수가 많은 군대.
- **大地**(대지) : 넓은 땅.

一 ナ 大

大 大 大

五 다섯 **오**

- **五年**(오년) : 다섯 해.
- **五色**(오색) : 청색·황색·적색·백색·흑색의 다섯 가지 빛깔.

一 丁 五 五

五 五 五

常 떳떳할 **상**

- **常理**(상리) : 떳떳한 도리. 당연한 이치.

ㅣ ㅣ � 尚 尚 常 常 常

常 常 常

恭惟鞠養(공유국양)

부모님이 길러 주신 은혜를 공손히 생각하여라.

恭
공손할 **공**

• **恭遜**(공손) : 삼가 예의를 갖추고 자기를 낮추는 태도가 있는 것.
• **恭敬**(공경) : 윗사람을 공손히 받들어 섬기는 것.

一 十 丗 丗 产 共 共 恭 恭 恭

恭 恭 恭

惟
생각할 **유**

• **思惟**(사유) : 인간이 두뇌를 써서, 대상을 파악하고 가능성을 예측하며 지식이나 개념을 만들어 내는 활동. 사고(思考).

丶 丶 忄 忄 忄 忄 忙 忙 忙 惟 惟

惟 惟 惟

鞠
기를 **국**

• **鞠育**(국육) : 어린애를 기름.

一 十 丗 丗 丗 苩 昔 莒 革 革 靪 靪 靪 鞠 鞠
鞠 鞠

鞠 鞠 鞠

養
기를 **양**

• **養殖**(양식) : 물고기·해조·버섯 따위를 인공적으로 길러서 번식시키는 일.

丶 丷 丷 半 半 羊 兰 美 美 萻 萻 萻 養 養 養

養 養 養

豈敢毁傷 (기감훼상)

어찌 감히 길러 주신 이 몸을 다치고 상하게 하겠는가.

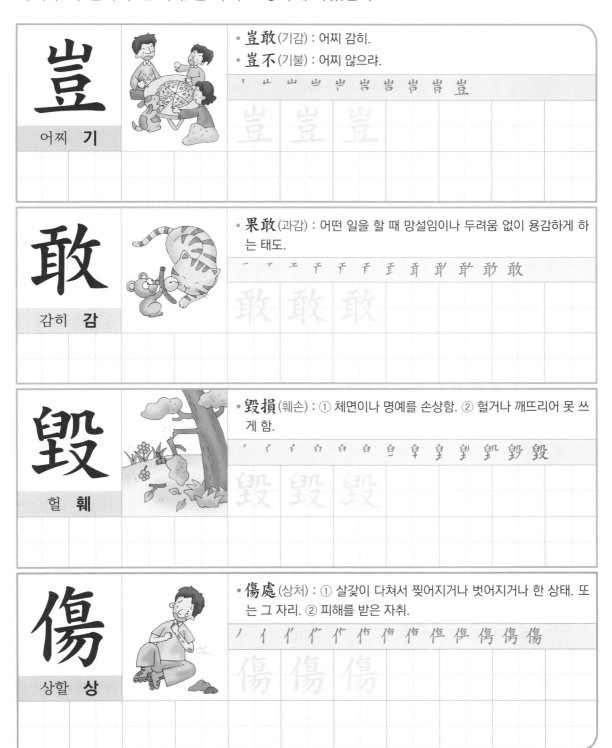

豈 어찌 **기**

- **豈敢**(기감) : 어찌 감히.
- **豈不**(기불) : 어찌 않으랴.

`山 山 山 山 山 山 山 山 豈 豈`

豈 豈 豈

敢 감히 **감**

- **果敢**(과감) : 어떤 일을 할 때 망설임이나 두려움 없이 용감하게 하는 태도.

`一 千 千 千 千 千 千 耳 耳 敢 敢 敢`

敢 敢 敢

毁 헐 **훼**

- **毁損**(훼손) : ① 체면이나 명예를 손상함. ② 헐거나 깨뜨리어 못 쓰게 함.

`' 亻 亻 自 自 白 白 臼 臼 臼 毁 毁 毁`

毁 毁 毁

傷 상할 **상**

- **傷處**(상처) : ① 살갗이 다쳐서 찢어지거나 벗어지거나 한 상태. 또는 그 자리. ② 피해를 받은 자취.

`丿 亻 亻 亻 广 仵 伫 � 倬 倬 傷 傷 傷`

傷 傷 傷

女慕貞烈(여모정렬)

여자는 정조를 굳게 지키고 행실을 단정히 해야 하며,

女 계집 **녀**		• **女子**(여자) : 여성인 사람. • **女軍**(여군) : 여자 군인. く 乄 女 女　女　女

慕 사모할 **모**		• **思慕**(사모) : 마음 속으로 은근히 또는 애틋하게 생각하고 그리워하는 것. 一 艹 艹 艹 艾 莒 莒 草 莫 莫 慕 慕 慕 慕　慕　慕

貞 곧을 **정**		• **貞操**(정조) : 여자의 깨끗한 절개. • **貞淑**(정숙) : 여자의 행실이 곧고 마음씨가 맑음. 丶 亠 广 占 占 卣 貞 貞 貞 貞　貞　貞

烈 매울 **렬**		• **烈士**(열사) : 나라를 위하여 저항하다가 죽음으로써 높은 지조를 나타낸 사람. 一 丁 歹 歹 列 列 列 烈 烈 烈 烈　烈　烈

男效才良 (남효재량)

남자는 재능을 닦고 어진 것을 본받아야 한다.

男
사내 **남**

- **男女老少**(남녀노소) : 남자와 여자, 늙은이와 젊은이. 곧 모든 사람.
- **男便**(남편) : 결혼하여 여자의 짝이 된 남자.

丨 冂 冂 田 田 罗 男

男 男 男

效
본받을 **효**

- **效果**(효과) : 좋은 결과.
- **效能**(효능) : 효험을 나타내는 능력.

丶 亠 亠 六 亠 交 交 效 效 效

效 效 效

才
재주 **재**

- **才能**(재능) : 어떤 일을 잘 할 수 있는 능력.
- **英才**(영재) : 뛰어난 재주를 가진 사람.

一 十 才

才 才 才

良
어질 **량**

- **善良**(선량) : 착하고 어짊.
- **良民**(양민) : 선량한 백성.

丶 亅 ョ ㅋ 尹 良 良 良

良 良 良

知過必改 (지과필개)

허물을 알면 반드시 고쳐야 하며,

知
알 **지**

- **知識**(지식) : 아는 것과 학식.
- **通知**(통지) : 기별하여 알림.

丿 ㅡ ㅑ 卜 矢 矢 知 知 知

知 知 知

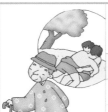

過
지날 **과**

- **過去**(과거) : 지나간 때.
- **過客**(과객) : 지나가는 나그네.

丨 冂 冃 冎 咼 咼 咼 咼 渦 過 過 過

過 過 過

必
반드시 **필**

- **必勝**(필승) : 반드시 이김.
- **必然**(필연) : 반드시 그렇게 됨.

丶 ノ 义 必 必

必 必 必

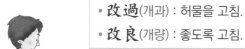

改
고칠 **개**

- **改過**(개과) : 허물을 고침.
- **改良**(개량) : 좋도록 고침.

フ コ 己 改 改 改 改

改 改 改

得能莫忘(득능막망)

사람으로서 알아야 할 것을 배우면 잊지 않아야 한다.

得
얻을 **득**

- **得失**(득실) : ① 얻음과 잃음. ② 이익과 손해.
- **獲得**(획득) : 얻거나 따서 자기의 것으로 만드는 것.

丿 丿 彳 彳 彳 彴 得 得 得 得 得

得 得 得

能
능할 **능**

- **可能**(가능) : 할 수 있음.
- **能力**(능력) : 일을 감당해 낼 수 있는 힘.

ㄥ ㄥ ㄅ 育 育 育 育 能 能 能

能 能 能

莫
말 **막**

- **莫大**(막대) : 엄청나게 많거나 큰 것.
- **莫上莫下**(막상막하) : 우열의 차가 없음.

一 十 卄 艹 芍 苎 苎 苩 茣 莫 莫

莫 莫 莫

忘
잊을 **망**

- **健忘症**(건망증) : 기억력이 좋지 않아 어떤 일을 잘 잊어버리는 증상.

丶 亠 亡 广 忘 忘 忘

忘 忘 忘

罔談彼短(망담피단)

남의 단점을 말하지 말고,

없을 망

- **罔極**(망극) : 은혜나 슬픔의 정도가 그지없음.
- **罔測**(망측) : 이치에 맞지 않아 어이없거나 차마 보기가 어려움.

丨 冂 冂 罓 罔 罔 罔 罔

罔 罔 罔

말씀 담

- **德談**(덕담) : 잘 되기를 비는 말.
- **會談**(회담) : 모여서 이야기함.

丶 亠 宀 亖 言 言 言 訁 訜 談 談 談 談 談 談

談 談 談

저 피

- **彼此**(피차) : ① 이것과 저것. ② 이편과 저편의 양편.
- **彼人**(피인) : ① 저 사람. ② 외국 사람

丿 彳 彳 彳 彳 犳 犲 彼 彼

彼 彼 彼

짧을 단

- **長短**(장단) : ① 길고 짧음. ② 박자.
- **短點**(단점) : 부정적 요소로 작용하거나 허물이 되는 점.

丿 丿 ㅏ 仁 矢 矢 矢 矩 知 短 短 短

短 短 短

靡恃己長(미시기장)

자신의 장점만 믿고 교만해서는 안 된다.

靡 아닐 **미**

• 靡寧(미령) : 어른이 병으로 인해 편안하지 못함.

丶 一 广 广 广 广 广 广 庐 麻 麻 麻 麿 麿 靡 靡 靡 靡 靡

靡 靡 靡

恃 믿을 **시**

• 恃賴(시뢰) : 믿고 의지함. 의지로 삼음.

丶 丶 忄 忄 忄 忲 忕 恃 恃

恃 恃 恃

己 몸 **기**

• 自己(자기) : 그 사람 자신.
• 利己(이기) : 자기 자신의 이익만을 꾀함.

コ コ 己

己 己 己

長 길 **장**

• 長壽(장수) : 보통의 경우보다 훨씬 오래 사는 것.
• 長點(장점) : 긍정적 요소가 되거나 칭찬할 만한 점.

1 广 厂 厂 E 트 튽 長 長

長 長 長

24일차 信使可覆 (신사가복)

믿음은 움직일 수 없는 진리로 다른 사람과의 약속은 반드시 지켜야 하며,

※ 기(器)란 기량·재능·도량을 말한다.

信 믿을 신

- **信念**(신념) : 굳게 믿는 마음.
- **信仰**(신앙) : 절대자를 믿고 따르며 교의를 받들어 지키는 일.

ノ イ イ´ イ宀 イ宀 イ言 イ言 信 信

使 하여금 사

- **使命**(사명) : 남에게서 받은 직무.
- **特使**(특사) : 특별한 임무를 띠고 파견하는 사절.

ノ イ イ´ イ宀 イ宀 イ言 使 使

可 옳을 가

- **可決**(가결) : 회의에서 제출된 안을 옳다고 결정함.
- **可能**(가능) : 할 수 있음.

一 厂 厅 厅 可

覆 되풀이할 복

- **飜覆**(번복) : 고치거나 바꾸어 처음과 다른 내용이 되게 하는 것.

一 厂 厂 西 西 西 覀 覀 覆 覆 覆 覆 覆 覆 覆 覆 覆

器欲難量(기욕난량)

사람의 기량은 깊고 깊어서 헤아리기 어렵다.

그릇 기

- **容器**(용기) : 물건을 담는 그릇.
- **器量**(기량) : 사람의 도량과 재간.

丨	ㅁ	ㅁ	ㅁ	吅	吅	땓	哭	哭	哭	哭	器	器	器	器

器	器	器						

하고자할 욕

- **意慾**(의욕) : 무엇을 하고자 하는 적극적인 의지.
- **欲求**(욕구) : 바라고 구함. 하고자 함.

'	'	ク	久	乑	谷	谷	谷	欲	欲	欲

欲	欲	欲						

어려울 난

- **難關**(난관) : 일의 진행이나 발전을 가로막는 어려운 고비.

一	十	廿	廿	甘	苗	芇	苩	莄	堇	菓	菓	蓳	蓳	難

難	難	難	難											

難	難	難						

헤아릴 량

- **力量**(역량) : 일을 할 수 있는 힘의 정도.
- **數量**(수량) : 수효와 분량.

丨	ㄇ	曰	日	旦	昌	昌	昌	昌	量	量	量

量	量	量						

墨悲絲染 (묵비사염)

묵자는 흰 실에 검은 물이 들면 다시 희지 못함을 슬퍼했고,

※ 시경(詩經)은 시 305편을 모은 책으로 공자가 편찬했다고도 하나, 정확하지는 않다.

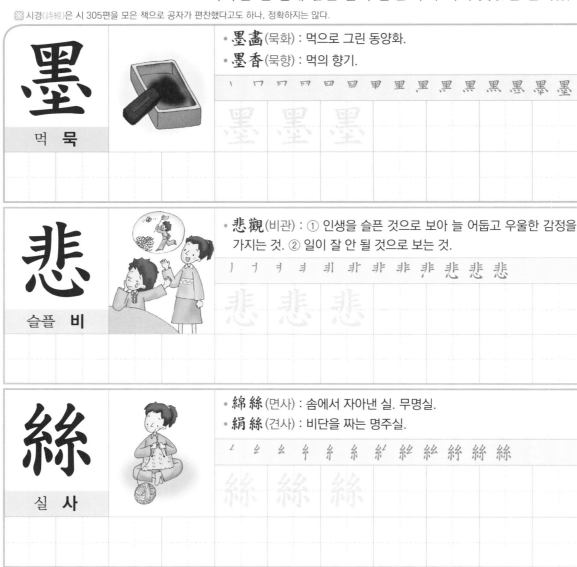

墨
먹 묵

- **墨畵**(묵화) : 먹으로 그린 동양화.
- **墨香**(묵향) : 먹의 향기.

丨 冂 冂 冃 回 里 里 里 黑 黑 黑 黑 墨 墨

墨 墨 墨

悲
슬플 비

- **悲觀**(비관) : ① 인생을 슬픈 것으로 보아 늘 어둡고 우울한 감정을 가지는 것. ② 일이 잘 안 될 것으로 보는 것.

丿 丬 丬 刲 刲 訓 非 非 非 悲 悲 悲

悲 悲 悲

絲
실 사

- **綿絲**(면사) : 솜에서 자아낸 실. 무명실.
- **絹絲**(견사) : 비단을 짜는 명주실.

幺 幺 幺 乡 系 糸 糺 糾 �10 絡 絲

絲 絲 絲

染
물들일 염

- **染料**(염료) : 섬유 등을 물들이는 색소가 되는 물질.
- **染色**(염색) : 염료를 써서 물을 들이는 것.

丶 冫 氵 氵 氿 染 染 染 染

染 染 染

詩讚羔羊(시찬고양)

시경 고양편에, 문왕의 덕에 감화되어 소남국 사람들이 양같이 온순하게 됨을 칭찬하였다.

詩
시 시

- **詩人**(시인) : 시를 전문적으로 잘 짓는 사람.
- **童詩**(동시) : 어린이가 지은 시 또는 어린이를 위한 시.

丶 亠 亠 言 言 言 言 詩 詩 詩 詩

詩 詩 詩

讚
기릴 찬

- **讚頌**(찬송) : 어떤 대상의 은혜나 덕을 기리는 것.

丶 亠 亠 言 言 言 言 言 讃 讃 讃 讃 讃 讚
讃 讃 讃 讃 讃 讃 讃 讚 讚 讚 讚

讚 讚 讚

羔
새끼양 고

- **羔雁**(고안) : 양과 기러기.

丶 丷 丷 羊 羊 羔 羔 羔 羔

羔 羔 羔

羊
양 양

- **羊毛**(양모) : 양털.
- **牧羊**(목양) : 양을 기르는 것. 또는 그 양.

丶 丷 丷 兰 羊 羊

羊 羊 羊

景行維 賢 (경행유현)

행실을 훌륭히 하고 당당하게 하면 어진 사람이 되고,

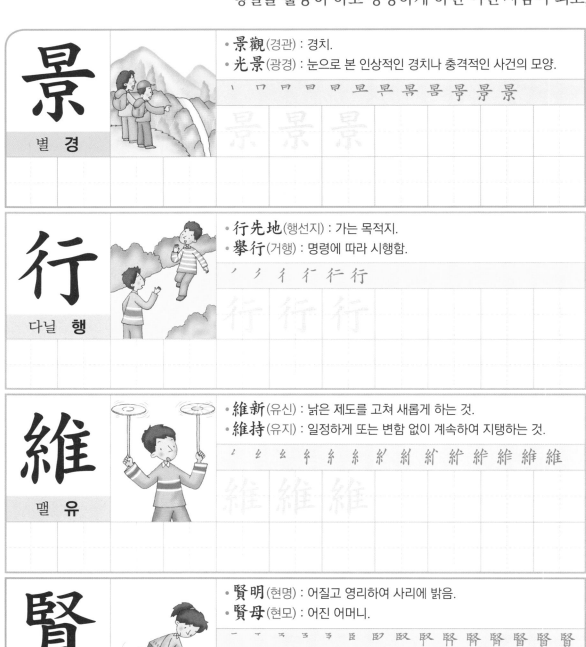

景
별 경

- 景觀(경관) : 경치.
- 光景(광경) : 눈으로 본 인상적인 경치나 충격적인 사건의 모양.

丶 口 日 日 旦 昙 杲 昻 景 景 景 景

行
다닐 행

- 行先地(행선지) : 가는 목적지.
- 擧行(거행) : 명령에 따라 시행함.

丶 勹 彳 彳 行 行

維
맬 유

- 維新(유신) : 낡은 제도를 고쳐 새롭게 하는 것.
- 維持(유지) : 일정하게 또는 변함 없이 계속하여 지탱하는 것.

幺 幺 幺 幺 糸 糸 紆 紆 紆 紆 紳 絲 維 維

賢
어질 현

- 賢明(현명) : 어질고 영리하여 사리에 밝음.
- 賢母(현모) : 어진 어머니.

一 丁 臣 臣 臣 臣 臤 臤 臤 臤 賢 賢 賢 賢 賢 賢

克念作聖 (극념작성)

성인의 언행을 생각하여 수양을 쌓으면 성인이 될 수 있다.

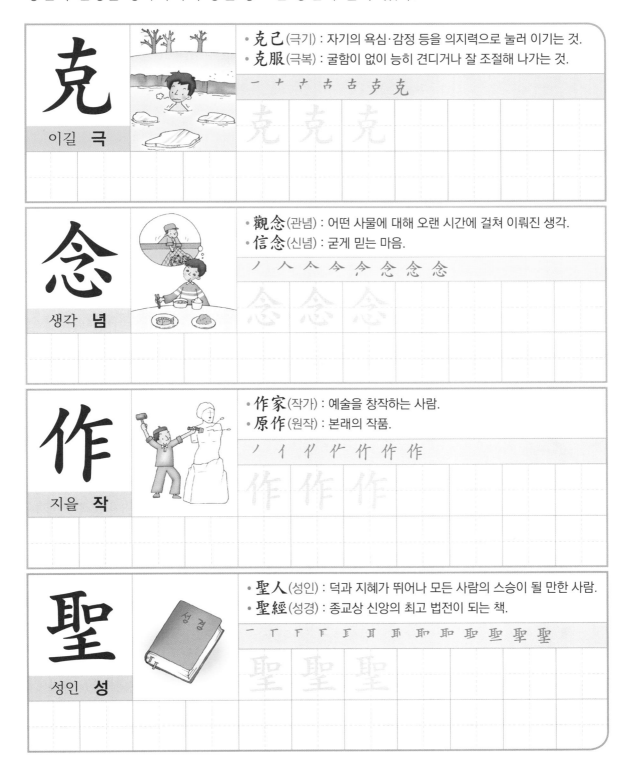

克 이길 **극**

- **克己**(극기) : 자기의 욕심·감정 등을 의지력으로 눌러 이기는 것.
- **克服**(극복) : 굴함이 없이 능히 견디거나 잘 조절해 나가는 것.

一 十 十 古 古 声 克

克 克 克

念 생각 **념**

- **觀念**(관념) : 어떤 사물에 대해 오랜 시간에 걸쳐 이뤄진 생각.
- **信念**(신념) : 굳게 믿는 마음.

ノ 人 ム 今 今 念 念 念

念 念 念

作 지을 **작**

- **作家**(작가) : 예술을 창작하는 사람.
- **原作**(원작) : 본래의 작품.

ノ イ 亻 亻 乍 作 作

作 作 作

聖 성인 **성**

- **聖人**(성인) : 덕과 지혜가 뛰어나 모든 사람의 스승이 될 만한 사람.
- **聖經**(성경) : 종교상 신앙의 최고 법전이 되는 책.

一 T T F E 耳 耳 耶 耶 聖 聖 聖

聖 聖 聖

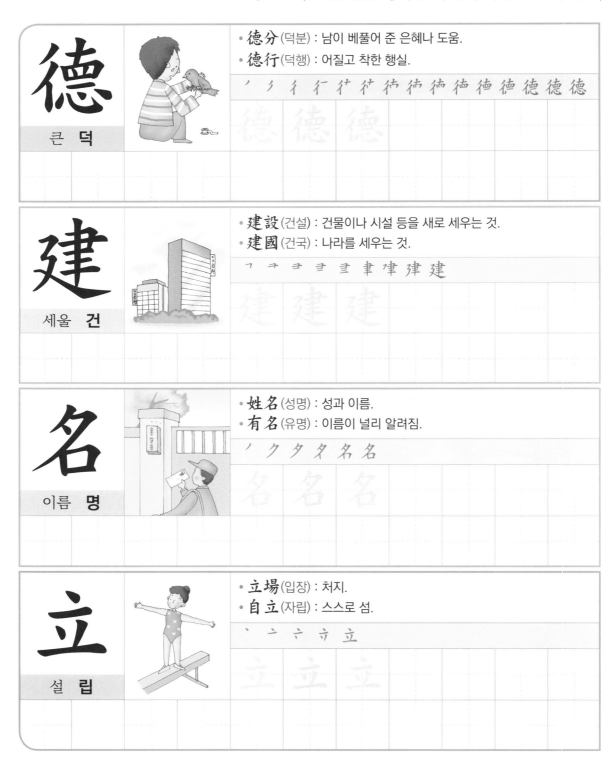

德建名立(덕건명립)

덕으로써 모든 일을 행하면 자연히 이름도 서게 되고,

德 큰 덕
- 德分(덕분) : 남이 베풀어 준 은혜나 도움.
- 德行(덕행) : 어질고 착한 행실.

ノク彳彳彳彳彳德德德德德德德

建 세울 건
- 建設(건설) : 건물이나 시설 등을 새로 세우는 것.
- 建國(건국) : 나라를 세우는 것.

フラヨヨ聿聿聿建建

名 이름 명
- 姓名(성명) : 성과 이름.
- 有名(유명) : 이름이 널리 알려짐.

ノクタタ名名

立 설 립
- 立場(입장) : 처지.
- 自立(자립) : 스스로 섬.

、亠六立立

形端表正 (형단표정)

용모가 단정하면 마음도 바르며 또 바른 마음이 겉으로 드러난다.

形 모양 형

- **形成**(형성) : 어떤 모양을 이룸.
- **形體**(형체) : 물건의 생김새.

一 二 三 チ 开 开 形 形

形 形 形

端 바를 단

- **端正**(단정) : 흐트러진 데가 없이 정돈되고 똑바름.
- **端雅**(단아) : 단정하고 아담함.

` 亠 亠 立 立 立 立 立 立 立 端 端 端

端 端 端

表 겉 표

- **表記**(표기) : 겉으로 표시하여 기록함.
- **表紙**(표지) : 책의 맨 앞뒤의 겉장. 책표지.

一 二 三 キ 主 丰 丰 表 表

表 表 表

正 바를 정

- **正氣**(정기) : 바른 기풍 또는 의기.
- **正道**(정도) : 올바른 길 또는 도리.

一 丅 丅 正 正

正 正 正

空谷傳聲(공곡전성)

빈 골짜기에서 소리를 치면 그대로 전해지듯이 군자의 말은 널리 퍼져 나가고,

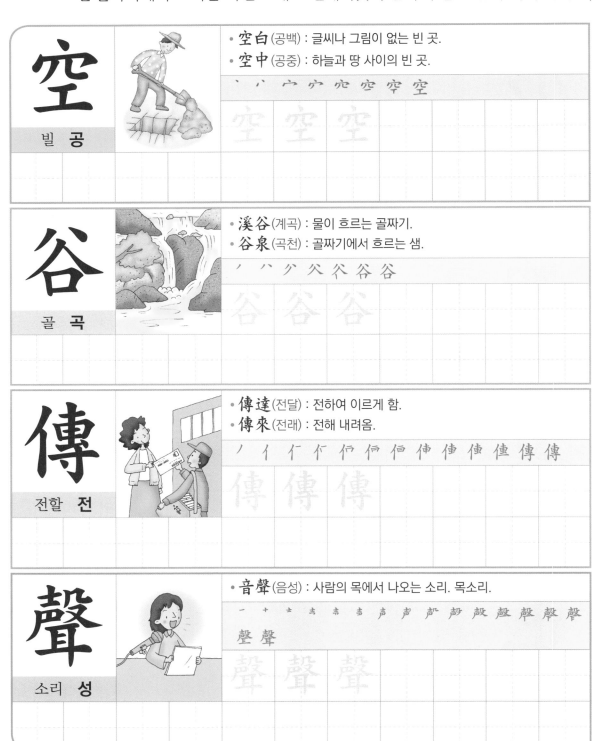

空
빌 공

- **空白**(공백) : 글씨나 그림이 없는 빈 곳.
- **空中**(공중) : 하늘과 땅 사이의 빈 곳.

丶 丷 宀 宀 空 空 空 空

谷
골 곡

- **溪谷**(계곡) : 물이 흐르는 골짜기.
- **谷泉**(곡천) : 골짜기에서 흐르는 샘.

丿 八 夕 父 父 谷 谷

傳
전할 전

- **傳達**(전달) : 전하여 이르게 함.
- **傳來**(전래) : 전해 내려옴.

丿 亻 亻 亻 亻 僖 僖 傳 傳 傳 傳 傳 傳

聲
소리 성

- **音聲**(음성) : 사람의 목에서 나오는 소리. 목소리.

一 十 士 吉 吉 吉 声 声 殸 殸 殸 殸 殸 聲 聲 聲

虛堂習聽(허당습청)

빈 집에서 소리를 내면 울려서 다 들리듯이 착한 말은 먼 곳까지 울린다.

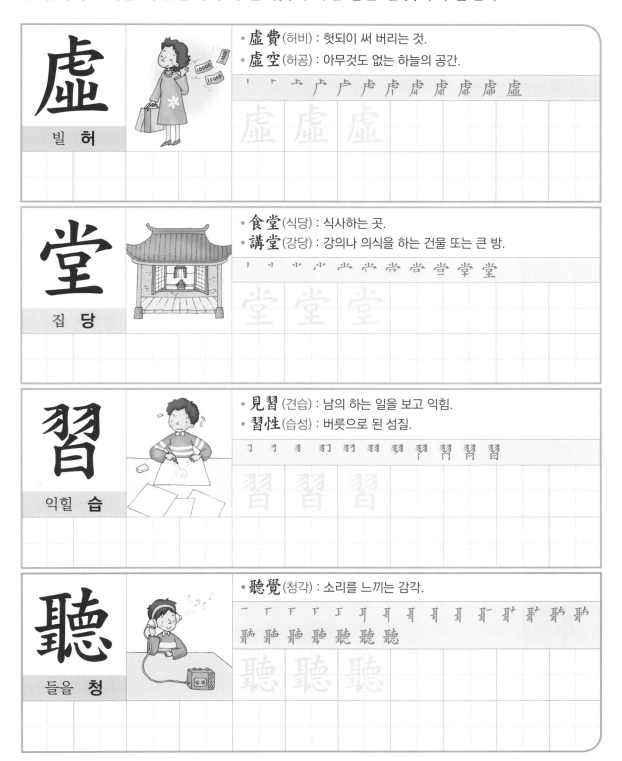

虛 빌 허		• 虛費(허비) : 헛되이 써 버리는 것. • 虛空(허공) : 아무것도 없는 하늘의 공간.
		丨 ㅏ ㅕ 卢 庐 虍 虗 虗 虗 虗 虛 虛
		虛 虛 虛

堂 집 당		• 食堂(식당) : 식사하는 곳. • 講堂(강당) : 강의나 의식을 하는 건물 또는 큰 방.
		丨 丷 ㅛ ㅛ 冖 兴 尚 尚 堂 堂 堂
		堂 堂 堂

習 익힐 습		• 見習(견습) : 남의 하는 일을 보고 익힘. • 習性(습성) : 버릇으로 된 성질.
		ㄱ ㄱ ㅋ ㅋ 羽 羽 羽 習 習 習 習
		習 習 習

聽 들을 청		• 聽覺(청각) : 소리를 느끼는 감각.
		一 丅 丆 耳 耳 耳 耵 耵 耵 聆 聑 聑 聑 聑 聽 聽 聽 聽 聽
		聽 聽 聽

禍因惡積(화인악적)

재앙은 악을 쌓았기 때문에 오는 것이며,

禍 재앙 화

- **禍根**(화근) : 재앙의 원인이나 빌미.
- **禍福**(화복) : 재화(災禍)와 복록(福祿).

一 二 千 禾 禾 禾 禾 利 和 和 祸 禍 禍 禍

禍 禍 禍

因 인할 인

- **因果**(인과) : 원인과 결과.
- **原因**(원인) : 어떤 일을 일어나게 한 것. 까닭. 이유.

丨 冂 冂 円 因 因

因 因 因

惡 악할 악

- **惡意**(악의) : 나쁜 마음.
- **害惡**(해악) : 해가 되는 나쁜 일.

一 一 一 亞 亞 亞 亞 亞 亞 惡 惡 惡

惡 惡 惡

積 쌓을 적

- **積立**(적립) : 모아서 쌓아 두는 것.
- **累積**(누적) : 되풀이하거나 지속하여 더 많아지거나 심해지는 것.

一 二 千 禾 禾 禾 利 耝 積 積 積 積 積 積 積 積

積 積 積

福緣善慶 (복연선경)

복은 착한 일에서 오는 것이니 착한 일을 하면 경사가 온다.

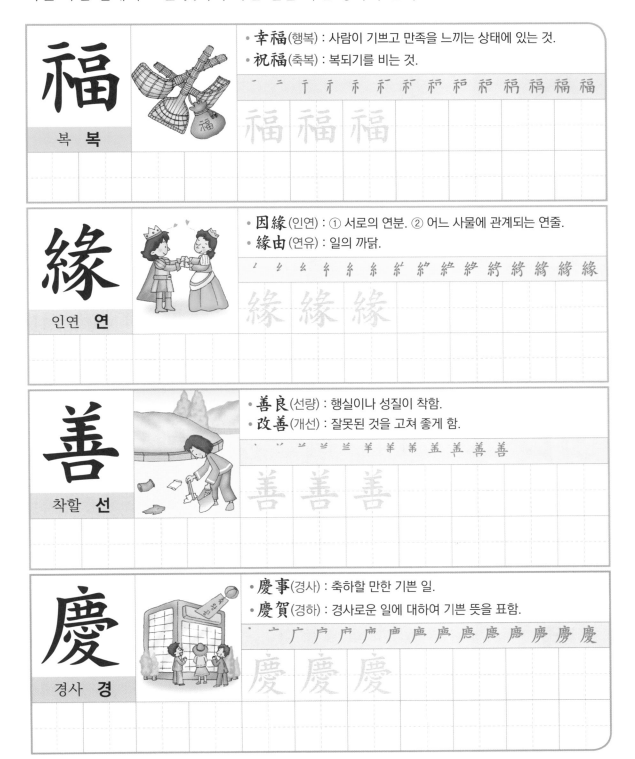

福
복 복

- **幸福**(행복) : 사람이 기쁘고 만족을 느끼는 상태에 있는 것.
- **祝福**(축복) : 복되기를 비는 것.

一 亠 ㇒ 示 示 示 示 祀 祀 祁 福 福 福

福 福 福

緣
인연 연

- **因緣**(인연) : ① 서로의 연분. ② 어느 사물에 관계되는 연줄.
- **緣由**(연유) : 일의 까닭.

乡 幺 幺 糸 糸 糸 絲 絆 絆 絆 絆 緣 緣 緣 緣

緣 緣 緣

善
착할 선

- **善良**(선량) : 행실이나 성질이 착함.
- **改善**(개선) : 잘못된 것을 고쳐 좋게 함.

丷 丷 ㇒ 丯 羊 羊 羊 羊 善 善 善

善 善 善

慶
경사 경

- **慶事**(경사) : 축하할 만한 기쁜 일.
- **慶賀**(경하) : 경사로운 일에 대하여 기쁜 뜻을 표함.

亠 广 户 户 户 庐 庐 庐 庐 庙 庚 慶 慶 慶

慶 慶 慶

尺璧非寶 (척벽비보)

한 자나 되는 구슬이라고 다 보배는 아니다.

尺
자 **척**

- **尺度**(척도) : 계량이나 평가의 기준.
- **尺量**(척량) : 물건을 자로 재는 것.

｀ ｀ 尸 尺

尺 尺 尺

璧
구슬 **벽**

- **完璧**(완벽) : 흠이 없는 구슬이라는 뜻. 결함이 없이 완전한 것.

｀ ｀ 尸 尸 尼 尼 尼 尾 尾 尾 臂 臂 臂 璧

璧 璧 璧

璧 璧 璧

非
아닐 **비**

- **非凡**(비범) : 보통 수준보다 훨씬 뛰어남.
- **非專門家**(비전문가) : 전문가가 아닌 사람.

｀ ｀ ｀ ｀ ｀ 非 非 非

非 非 非

寶
보배 **보**

- **寶物**(보물) : 보배로운 물건.

｀ ｀ 宀 宀 宀 宁 宁 宁 宇 宲 宲 宲 寶

寶 寶 寶 寶 寶

寶 寶 寶

寸陰是競 (촌음시경)

한 자 되는 구슬보다 잠깐의 시간이 더 귀중하므로 아껴 써야 한다.

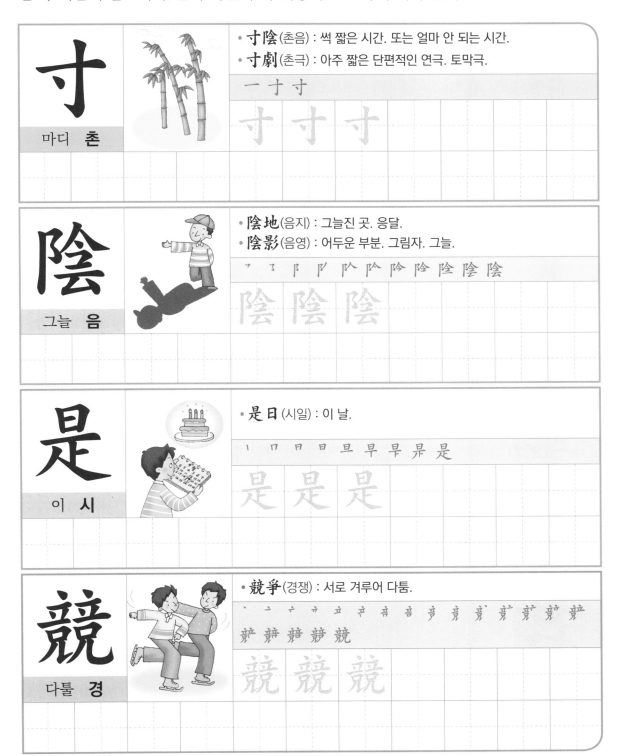

寸
마디 **촌**

• **寸陰**(촌음) : 썩 짧은 시간. 또는 얼마 안 되는 시간.
• **寸劇**(촌극) : 아주 짧은 단편적인 연극. 토막극.

一 十 寸

寸 寸 寸

陰
그늘 **음**

• **陰地**(음지) : 그늘진 곳. 응달.
• **陰影**(음영) : 어두운 부분. 그림자. 그늘.

フ フ ﾌ ﾌﾟ ﾌﾟ 阡 阡 险 陰 陰 陰

陰 陰 陰

是
이 **시**

• **是日**(시일) : 이 날.

丨 冂 曰 日 旦 早 旱 杲 是

是 是 是

競
다툴 **경**

• **競爭**(경쟁) : 서로 겨루어 다툼.

丶 二 六 竺 竝 竜 竜 竜 竞 竞 竞 竞 竞 竞 竞
竞 竞 竞 競 競

競 競 競

資父事君(자부사군)

부모를 섬기는 마음으로 임금을 섬겨야 하며,

資
바탕 **자**

- **資質**(자질) : 타고난 바탕과 성질.
- **資料**(자료) : 학습·연구·판단 등의 기초가 되는 재료.

丶 丶 次 次 次 次 咨 咨 咨 資 資 資

資 資 資

父
아비 **부**

- **父子**(부자) : 아버지와 아들.
- **學父母**(학부모) : 학교에 다니는 아동의 부모.

丿 丷 八 父

父 父 父

事
일 **사**

- **事前**(사전) : 일이 있기 전.
- **食事**(식사) : 음식을 먹는 일.

一 一 口 曰 写 写 写 事

事 事 事

君
임금 **군**

- **君主**(군주) : 세습적으로 국가를 대표하여 통솔하는 최고 지위에 있는 사람.

フ ⇒ 尹 尹 君 君

君 君 君

曰嚴與敬 (왈엄여경)

임금을 섬기는 데는 엄숙함과 공경함이 있어야 한다.

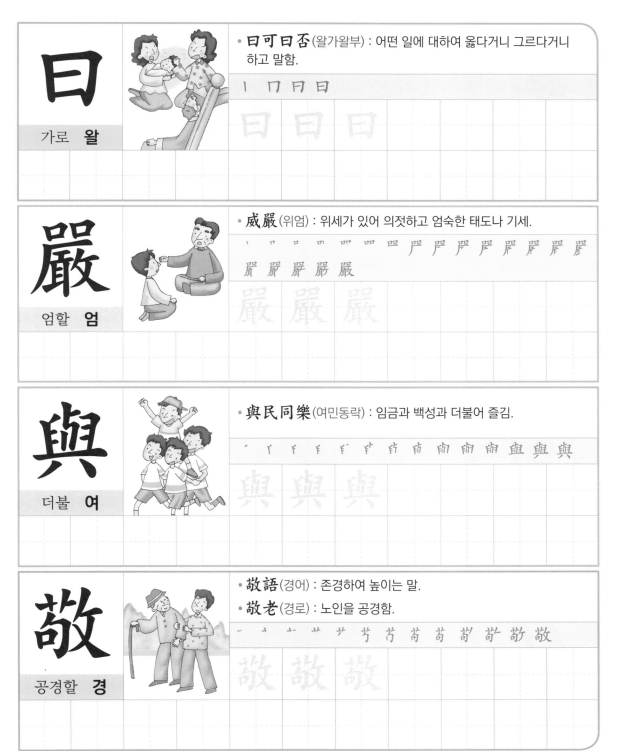

曰 가로 **왈**		• **曰可曰否**(왈가왈부) : 어떤 일에 대하여 옳다거니 그르다거니 하고 말함.
		丨 冂 冃 曰

嚴 엄할 **엄**		• **威嚴**(위엄) : 위세가 있어 의젓하고 엄숙한 태도나 기세.
		丨 冂 冂 叩 叩 叩 严 严 严 严 严 厰 厰 厰 厰 厰 嚴 嚴

與 더불 **여**		• **與民同樂**(여민동락) : 임금과 백성과 더불어 즐김.
		丿 个 个 价 价 与 与 的 的 的 的 的 與 與 與

敬 공경할 **경**		• **敬語**(경어) : 존경하여 높이는 말. • **敬老**(경로) : 노인을 공경함.
		一 十 忄 艹 丼 芍 芍 苟 苟 苟 苟 敬 敬 敬

孝當竭力 (효당갈력)

부모를 섬길 때는 마땅히 힘을 다하여야 하며,

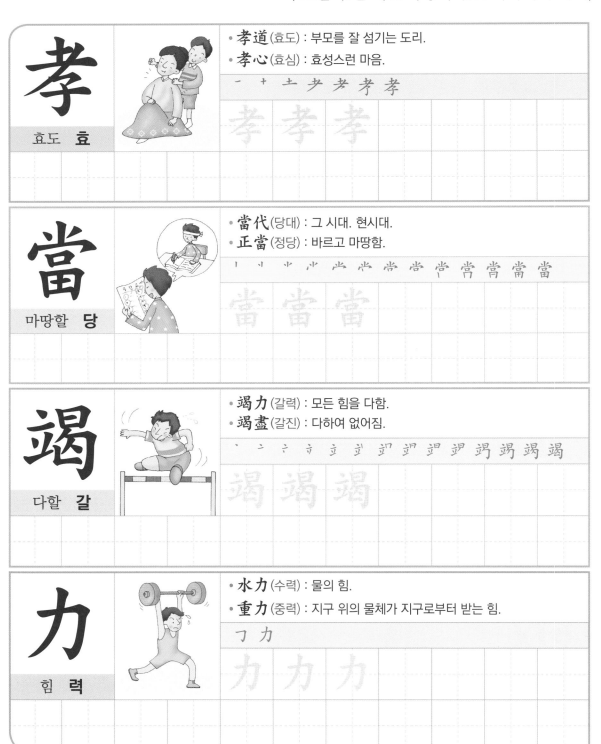

孝
효도 **효**

• **孝道**(효도) : 부모를 잘 섬기는 도리.
• **孝心**(효심) : 효성스런 마음.

一 十 土 耂 孝 孝 孝

孝 孝 孝

當
마땅할 **당**

• **當代**(당대) : 그 시대. 현시대.
• **正當**(정당) : 바르고 마땅함.

⺍ ⺍ ⺍ ⺍ ⺍ 尚 尚 尚 尚 當 當 當 當

當 當 當

竭
다할 **갈**

• **竭力**(갈력) : 모든 힘을 다함.
• **竭盡**(갈진) : 다하여 없어짐.

丶 亠 立 立 立 竭 竭 竭 竭 竭 竭 竭 竭

竭 竭 竭

力
힘 **력**

• **水力**(수력) : 물의 힘.
• **重力**(중력) : 지구 위의 물체가 지구로부터 받는 힘.

フ 力

力 力 力

忠則盡命 (충즉진명)

나라에 충성할 때는 목숨을 다 바쳐야 한다.

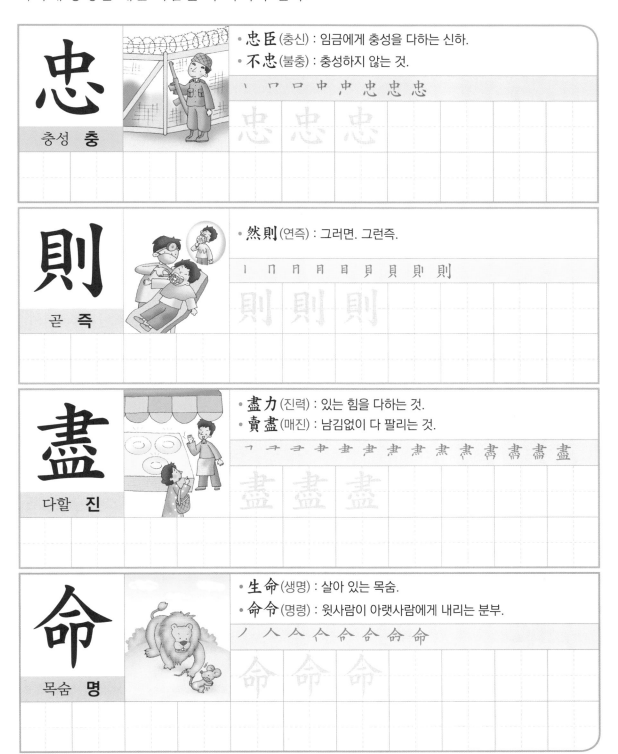

忠
충성 **충**

- **忠臣**(충신) : 임금에게 충성을 다하는 신하.
- **不忠**(불충) : 충성하지 않는 것.

丶 口 口 中 中 忠 忠 忠

忠 忠 忠

則
곧 **즉**

- **然則**(연즉) : 그러면. 그런즉.

丨 冂 冂 目 目 貝 貝 則 則

則 則 則

盡
다할 **진**

- **盡力**(진력) : 있는 힘을 다하는 것.
- **賣盡**(매진) : 남김없이 다 팔리는 것.

フ ユ ヨ ヨ 尹 聿 聿 肃 肃 肃 書 盡 盡 盡

盡 盡 盡

命
목숨 **명**

- **生命**(생명) : 살아 있는 목숨.
- **命令**(명령) : 윗사람이 아랫사람에게 내리는 분부.

丿 人 스 수 슦 슦 命 命

命 命 命

臨深履薄(임심리박)

깊은 곳에 임하듯 얇은 데를 밟듯 조심해서 행하여야 하며,

臨

임할 **림**

- **臨迫**(임박) : 어떤 때가 가까이 닥쳐오는 것.
- **臨終**(임종) : 죽음에 임함.

一 丨 丐 丐 丐 臣 臣 臣 臣 臣 臣 臣 臣 臨 臨 臨

臨 臨 臨

深

깊을 **심**

- **深夜**(심야) : 깊은 밤. 한밤중.
- **深奧**(심오) : 이론이나 견해 등의 깊이가 깊고 오묘함.

丶 丶 氵 氵 汇 汇 汀 深 深 深 深

深 深 深

履

밟을 **리**

- **履歷**(이력) : 지금까지 거쳐 온 학업·직업 등의 내력. 경력.

一 フ コ 尸 尸 尸 尸 尼 屈 屈 屈 屏 屏 履 履 履

履 履 履

薄

얇을 **박**

- **薄氷**(박빙) : ① 얇게 낀 얼음. 살얼음. ② 승부나 경기에서 서로의 실력이 팽팽하여 어느 한쪽에서도 마음을 놓을 수 없는 상태.

一 十 艹 艹 芦 苢 苢 莲 蓮 蓮 蓮 蓮 蓮 薄 薄 薄

薄 薄 薄

夙興溫凊 (숙흥온정)

일찍 일어나 부모님 자리가 추우면 따뜻하게, 더우면 시원하게 해 드려야 한다.

夙
일찍 **숙**

- **夙成**(숙성) : 발육이나 지각이 나이에 비하여 빠름.
- **夙夜**(숙야) : 이른 아침과 늦은 밤.

丿 几 凡 凡 夙 夙

夙 夙 夙

興
일어날 **흥**

- **興亡**(흥망) : 나라·민족·기업 등이 흥하거나 망하는 일.
- **復興**(부흥) : 쇠퇴하였던 것이 다시 일어나는 것.

興 興 興

溫
따뜻할 **온**

- **溫氣**(온기) : 따뜻한 기운.
- **溫度**(온도) : 따뜻함과 차가움의 정도를 나타내는 수치.

溫 溫 溫

凊
서늘할 **정**

- **冬溫夏凊**(동온하정) : 겨울에는 따뜻하게, 여름에는 서늘하게 한다는 뜻. 부모를 잘 모셔 섬김을 이르는 말.

凊 凊 凊

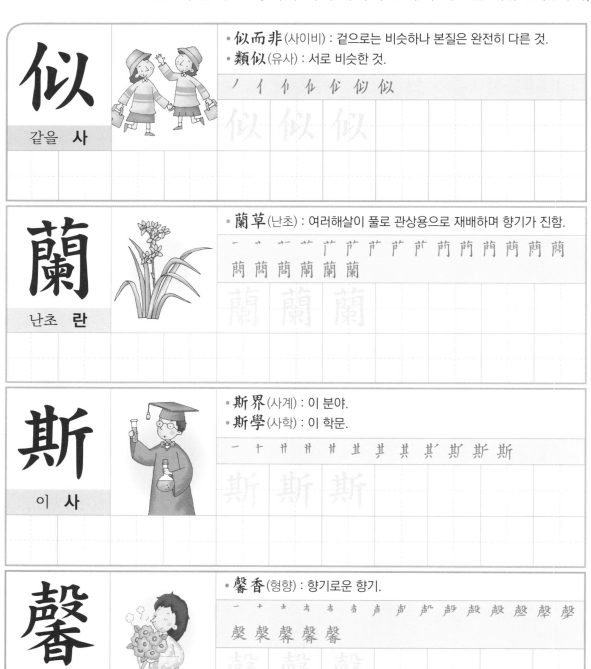

似蘭斯馨 (사란사형)

난초와 같이 그 향기가 퍼져 나가니 군자의 지조를 비유한 것이며,

似

같을 **사**

- **似而非**(사이비) : 겉으로는 비슷하나 본질은 완전히 다른 것.
- **類似**(유사) : 서로 비슷한 것.

ノ 亻 亻 亻 亻 似 似

蘭

난초 **란**

- **蘭草**(난초) : 여러해살이 풀로 관상용으로 재배하며 향기가 진함.

一 十 艹 芍 产 产 芦 芦 芦 芍 芮 芮 蘭

蘭 蘭 蘭 蘭 蘭 蘭

斯

이 **사**

- **斯界**(사계) : 이 분야.
- **斯學**(사학) : 이 학문.

一 十 廿 廿 甘 甘 其 其 其 斯 斯 斯

馨

향기로울 **형**

- **馨香**(형향) : 향기로운 향기.

一 十 士 壴 声 声 声 声 殸 殸 馨 馨 馨

馨 馨 馨 馨 馨

如松之盛 (여송지성)

소나무같이 푸르고 성함은 군자의 절개를 말하는 것이다.

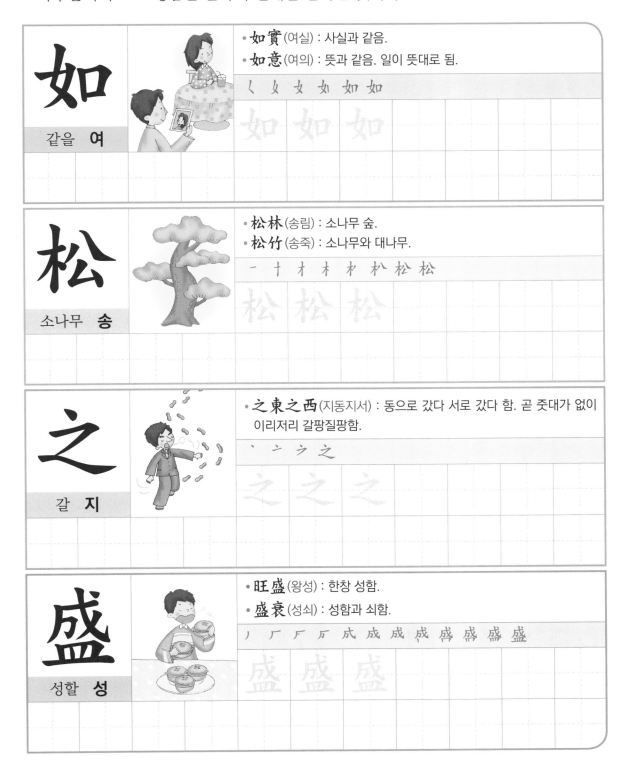

如
같을 **여**

- **如實**(여실) : 사실과 같음.
- **如意**(여의) : 뜻과 같음. 일이 뜻대로 됨.

く 夕 女 女 如 如

如 如 如

松
소나무 **송**

- **松林**(송림) : 소나무 숲.
- **松竹**(송죽) : 소나무와 대나무.

一 十 才 才 朾 松 松 松

松 松 松

之
갈 **지**

- **之東之西**(지동지서) : 동으로 갔다 서로 갔다 함. 곧 줏대가 없이 이리저리 갈팡질팡함.

、 ン ㅋ 之

之 之 之

盛
성할 **성**

- **旺盛**(왕성) : 한창 성함.
- **盛衰**(성쇠) : 성함과 쇠함.

丿 厂 厂 斤 成 成 成 成 盛 盛 盛 盛

盛 盛 盛

川流不息 (천류불식)

냇물의 흐름은 쉬지 아니하니 군자의 행동거지를 말한 것이며,

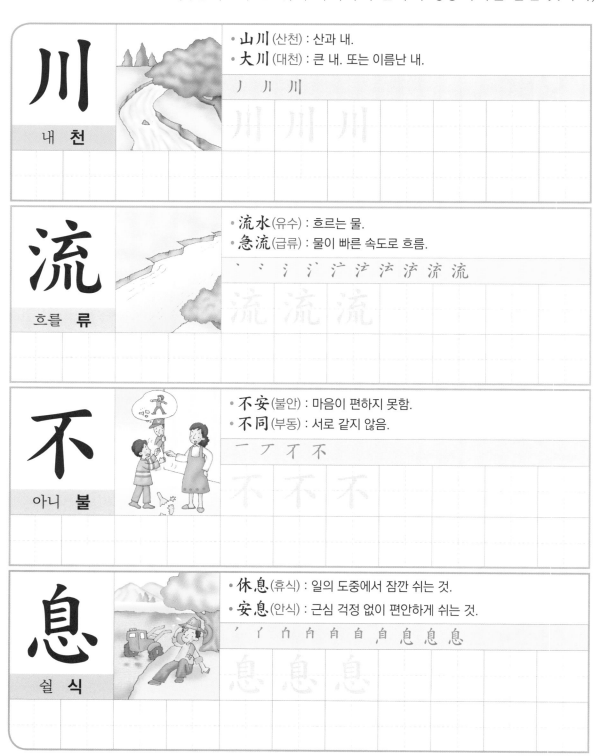

川
내 천

- **山川**(산천) : 산과 내.
- **大川**(대천) : 큰 내. 또는 이름난 내.

丿 丿 川

川 川 川

流
흐를 류

- **流水**(유수) : 흐르는 물.
- **急流**(급류) : 물이 빠른 속도로 흐름.

丶 丶 氵 氵 氵 汸 汸 浐 流 流

流 流 流

不
아니 불

- **不安**(불안) : 마음이 편하지 못함.
- **不同**(부동) : 서로 같지 않음.

一 丆 不 不

不 不 不

息
쉴 식

- **休息**(휴식) : 일의 도중에서 잠깐 쉬는 것.
- **安息**(안식) : 근심 걱정 없이 편안하게 쉬는 것.

丿 丿 冂 宀 自 自 自 息 息 息

息 息 息

淵澄取映 (연징취영)

못의 물이 맑아 비치니 군자의 마음을 말한 것이다.

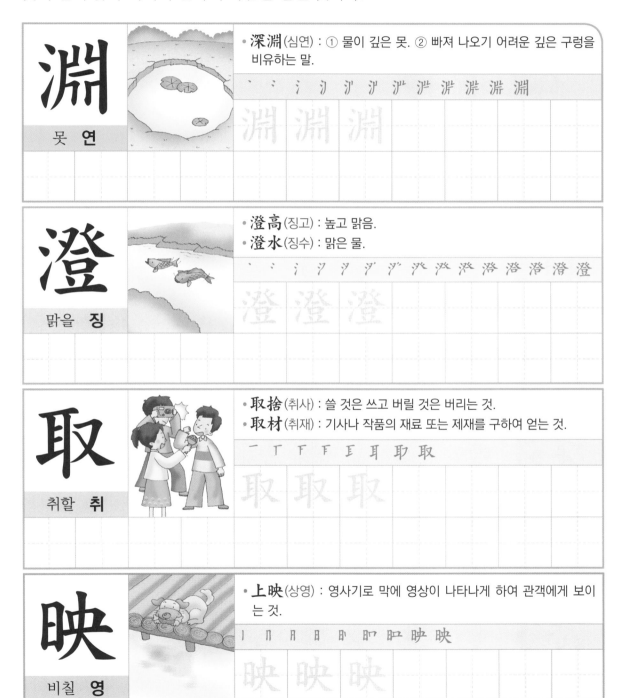

淵 못 연	• **深淵**(심연) : ① 물이 깊은 못. ② 빠져 나오기 어려운 깊은 구렁을 비유하는 말. 丶 丶 氵 氵 氵 氵 浒 浒 浒 渊 渊 淵 淵 淵 淵
澄 맑을 징	• **澄高**(징고) : 높고 맑음. • **澄水**(징수) : 맑은 물. 丶 丶 氵 氵 氵 氵 澔 澔 浒 澄 澄 澄 澄 澄 澄 澄 澄
取 취할 취	• **取捨**(취사) : 쓸 것은 쓰고 버릴 것은 버리는 것. • **取材**(취재) : 기사나 작품의 재료 또는 제재를 구하여 얻는 것. 一 丆 丆 丆 耳 耳 取 取 取 取 取
映 비칠 영	• **上映**(상영) : 영사기로 막에 영상이 나타나게 하여 관객에게 보이는 것. 丨 刂 日 日 日 即 即 映 映 映 映 映

容止若思 (용지약사)

행동은 침착하게 하고 조용히 생각하는 태도를 가지며,

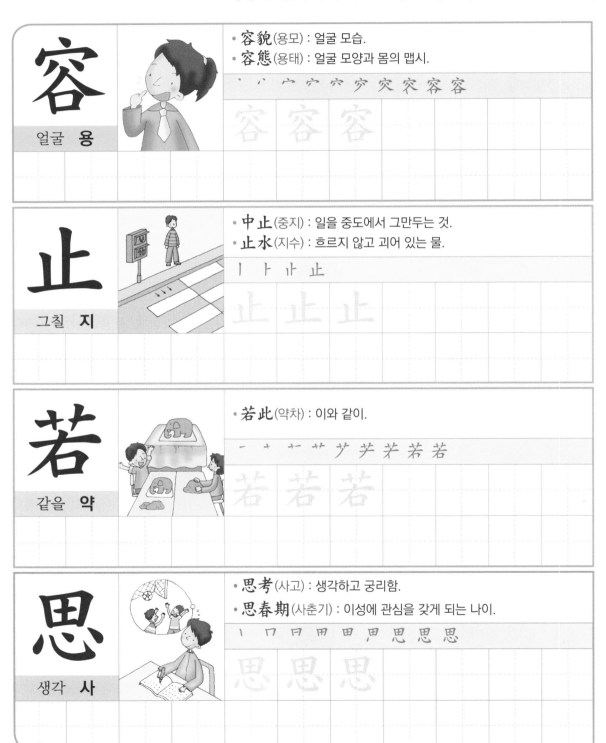

容
얼굴 **용**

- **容貌**(용모) : 얼굴 모습.
- **容態**(용태) : 얼굴 모양과 몸의 맵시.

丶 宀 宀 宀 宀 宀 宀 容 容 容

容 容 容

止
그칠 **지**

- **中止**(중지) : 일을 중도에서 그만두는 것.
- **止水**(지수) : 흐르지 않고 괴어 있는 물.

丨 ㅏ ㅑ 止

止 止 止

若
같을 **약**

- **若此**(약차) : 이와 같이.

一 十 十 艹 艹 芓 若 若

若 若 若

思
생각 **사**

- **思考**(사고) : 생각하고 궁리함.
- **思春期**(사춘기) : 이성에 관심을 갖게 되는 나이.

丨 口 日 田 田 甲 思 思 思

思 思 思

言辭安定 (언사안정)

말도 안정되게 해야 한다.

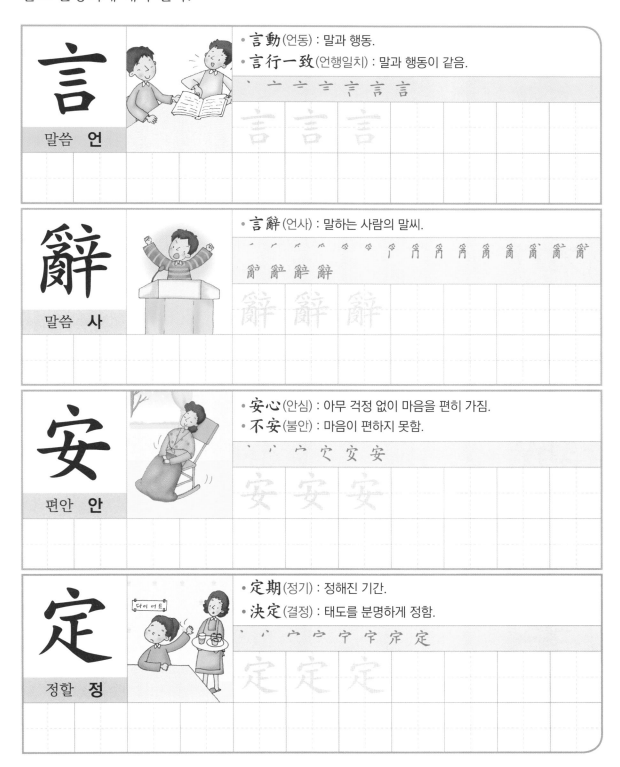

言 말씀 언

- **言動**(언동) : 말과 행동.
- **言行一致**(언행일치) : 말과 행동이 같음.

丶 一 亠 言 言 言 言

辭 말씀 사

- **言辭**(언사) : 말하는 사람의 말씨.

安 편안 안

- **安心**(안심) : 아무 걱정 없이 마음을 편히 가짐.
- **不安**(불안) : 마음이 편하지 못함.

丶 丶 宀 宀 安 安

定 정할 정

- **定期**(정기) : 정해진 기간.
- **決定**(결정) : 태도를 분명하게 정함.

丶 丶 宀 宀 宁 宁 宇 定

篤初誠美 (독초성미)

처음을 성실하고 신중히 하는 것은 진실로 아름답고,

篤 도타울 독

- 篤實(독실) : 열성 있고 진실함.
- 敦篤(돈독) : 정이 깊고 두텁다.

丿 仁 仁 仁 竺 竺 笁 篤 篤 篤 篤 篤 篤 篤 篤 篤

篤 篤 篤

初 처음 초

- 初面(초면) : 처음으로 대하여 봄.
- 初心(초심) : 처음에 먹은 마음.

丶 ㄱ �163 ㄤ ㄤ 初 初

初 初 初

誠 정성 성

- 誠實(성실) : 정성스럽고 참되어 거짓이 없음.
- 熱誠(열성) : 열렬한 정성. 또는 열의와 정성.

丶 二 二 言 言 言 言 訂 訂 訏 訏 試 誠 誠

誠 誠 誠

美 아름다울 미

- 美人(미인) : 용모가 아름다운 여자.
- 美德(미덕) : 아름다운 덕행.

丶 丷 丷 芦 芦 ㅊ 美 美 美

美 美 美

愼終宜令 (신종의령)

끝맺음도 잘하도록 삼가는 것이 마땅하다.

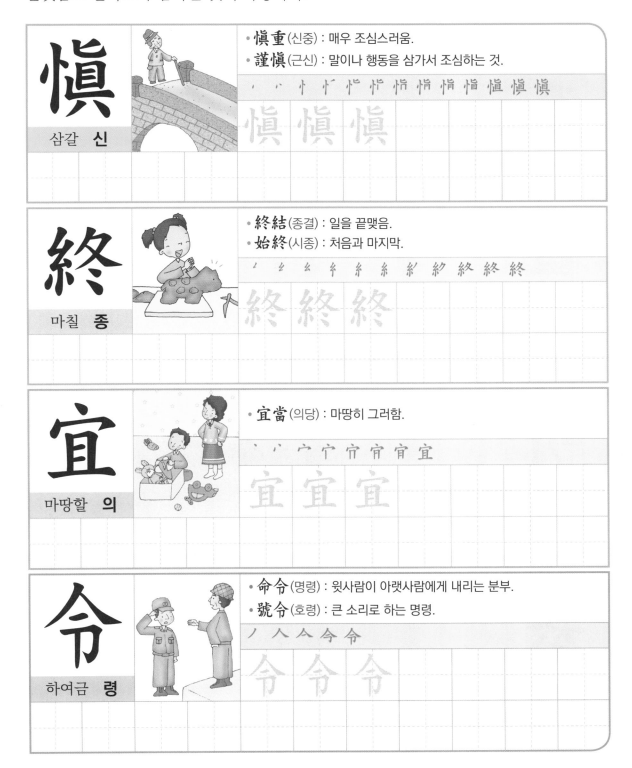

愼 삼갈 **신**		•愼重(신중) : 매우 조심스러움.
終 마칠 **종**		•終結(종결) : 일을 끝맺음.
宜 마땅할 **의**		•宜當(의당) : 마땅히 그러함.
令 하여금 **령**		•命令(명령) : 윗사람이 아랫사람에게 내리는 분부.

愼 삼갈 **신**
• 愼重(신중) : 매우 조심스러움.
• 謹愼(근신) : 말이나 행동을 삼가서 조심하는 것.
丶 丶 忄 忄 忄 忄 忄 忄 忄 忄 愼 愼 愼

終 마칠 **종**
• 終結(종결) : 일을 끝맺음.
• 始終(시종) : 처음과 마지막.
乡 乡 乡 糸 糸 糸 糸 終 終 終

宜 마땅할 **의**
• 宜當(의당) : 마땅히 그러함.
丶 丶 宀 宀 宀 宜 宜 宜

令 하여금 **령**
• 命令(명령) : 윗사람이 아랫사람에게 내리는 분부.
• 號令(호령) : 큰 소리로 하는 명령.
丿 人 人 今 令

38일차 榮業所基 (영업소기)

이와 같이 잘 지키면 일이 번성하는 기본이 되고,

榮

영화 **영**

- 榮譽(영예) : 영광스러운 명예.
- 榮辱(영욕) : 영예와 치욕.

丶 丶 丷 ゙ ゙ ゙ ゙゙ 炏 炏 炏 炏 煔 煔 举 榮 榮

榮 榮 榮

業

일 **업**

- 業界(업계) : 같은 일을 하는 사람들의 사회.
- 業種(업종) : 영업이나 사업의 종류.

丨 丬 丬 业 业 業 業 業 業 業 業 業 業

業 業 業

所

바 **소**

- 所有物(소유물) : 자기 것으로 가지고 있는 물건.
- 所生(소생) : 자기가 낳은 자녀.

丶 丆 户 户 戶 所 所 所

所 所 所

基

터 **기**

- 基本(기본) : 사물의 가장 중요한 밑바탕.
- 基地(기지) : 작전이나 행동의 중요 지점.

一 十 卄 廿 甘 甘 其 其 其 基 基

基 基 基

籍 甚 無 竟 (적심무경)

뿐만 아니라 자신의 명성이 길이 전해질 것이다.

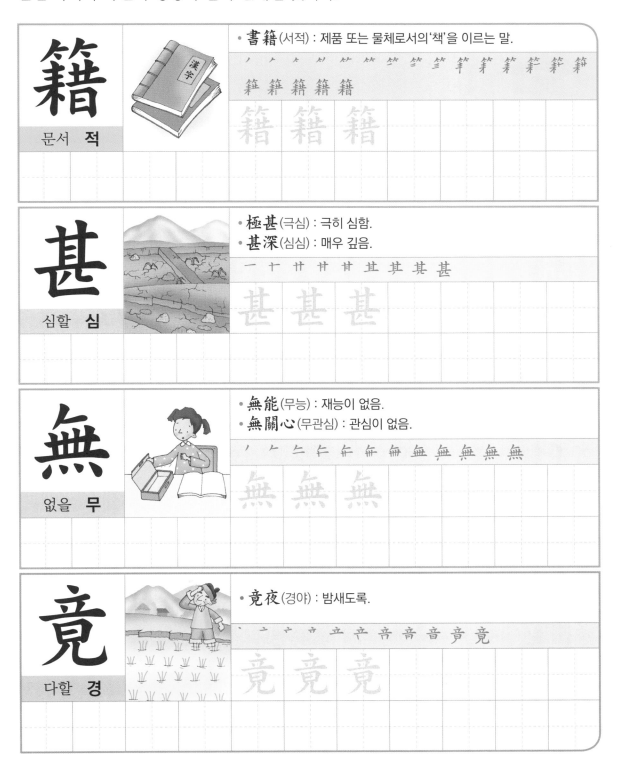

籍 문서 적	• 書籍(서적) : 제품 또는 물체로서의 '책'을 이르는 말. ノ ノ ケ ゲ ゲ ゲ ゲ ゲ ゲ ゲ 筆 筆 筆 箐 箋 籍 籍 籍 籍 籍 籍 籍 籍 籍
甚 심할 심	• 極甚(극심) : 극히 심함. • 甚深(심심) : 매우 깊음. 一 十 卄 廿 甘 其 其 甚 甚 甚 甚 甚
無 없을 무	• 無能(무능) : 재능이 없음. • 無關心(무관심) : 관심이 없음. ノ ト 仁 午 缶 無 無 無 無 無 無 無 無 無 無
竟 다할 경	• 竟夜(경야) : 밤새도록. ー 二 立 产 产 音 音 音 竟 竟 竟 竟 竟

學優登仕 (학우등사)

배움이 넉넉하면 벼슬길에 오를 수 있고,

배울 **학**

- **學生**(학생) : 학교에 다니면서 공부하는 사람.
- **學校**(학교) : 교육에 필요한 시설을 갖추고 학생들을 교육하는 기관.

學

넉넉할 **우**

- **優待**(우대) : 특별히 잘 대접함.

優

오를 **등**

- **登校**(등교) : 학교에 가는 것.
- **登山**(등산) : 산에 올라가는 것.

登

벼슬 **사**

- **仕官**(사관) : 벼슬살이를 하는 것.
- **致仕**(치사) : 나이가 많아 벼슬을 사양하고 물러나는 것.

仕

攝職從政 (섭직종정)

벼슬에 올라 정사를 좇으니 곧 정치에 참여한다.

攝
잡을 **섭**

• 攝取(섭취) : 영양분을 빨아들임.

一 十 扌 扩 扩 扩 扩 拐 拐 拐 揖 揖 揖 揖 揖
攝 攝 攝 攝 攝 攝

職
일 **직**

• 職業(직업) : 생계를 유지하기 위하여 종사하는 사회 활동.

一 T F F F 耳 耳 耳 耶 耶 聑 聑 聣 職 職
職 職 職

從
좇을 **종**

• 從軍(종군) : 군대를 따라 싸움터로 나가는 것.
• 服從(복종) : 남의 명령이나 의사에 따르는 것.

丿 彳 彳 彳 彳 彳 从 从 从 従 從 從

政
정사 **정**

• 國政(국정) : 나라의 정치.
• 王政(왕정) : 임금의 정치. 군주 정치.

一 T F 正 正 政 政 政 政

存以甘棠 (존이감당)

주나라 소공이 아가위나무 아래에서 백성을 교화하였는데,

存

있을 **존**

- **存在**(존재) : 실제로 있는 것. 또는 실재하는 대상.
- **生存**(생존) : 위험 속에서 죽지 않고 살아남는 것.

一 ナ ナ 犭 存 存

以

써 **이**

- **以内**(이내) : 일정한 범위의 안.
- **以心傳心**(이심전심) : 마음과 마음으로 전달됨.

ㅣ ㄴ ㄴ 以 以

甘

달 **감**

- **甘言利設**(감언이설) : 남의 비위에 들도록 꾸미거나 이로운 조건을 내걸어 꾀는 말.

一 十 廿 廿 甘

棠

아가위 **당**

- **棠梨**(당리) : 팥배나무.

ㅣ ㅣ �91 �91 �8 肖 肖 骨 営 堂 堂 棠

去而益詠 (거이익영)

소공이 죽자 백성들이 그 덕을 기리며 감당시를 읊었다.

去
갈 **거**

- **去來**(거래) : 사거나 팔거나 하여 서로 금품을 주고받음.
- **過去**(과거) : 지나간 때.

一 十 土 去 去

去 去 去

而
어조사 **이**

- **而後**(이후) : 지금부터. 지금부터 다음으로.
- **而今**(이금) : 이제 와서. 지금.

一 一 一 一 而 而

而 而 而

益
더할 **익**

- **增益**(증익) : 더하여 늘게 하는 것.
- **益甚**(익심) : 갈수록 더욱 심함.

丿 八 八 グ 父 齐 谷 谷 益 益

益 益 益

詠
읊을 **영**

- **吟詠**(음영) : 시가를 읊는 것.
- **詠歌**(영가) : 시가를 읊음. 또는 그 시가.

丶 亠 亖 言 言 言 言 訂 訫 詠 詠

詠 詠 詠

樂殊貴賤 (악수귀천)

풍류는 사람의 귀천에 따라 각각 달리 즐겼으며,

樂
풍류 **악**

- **音樂**(음악) : 소리로 감정을 나타내는 예술.
- **樂曲**(악곡) : 음악의 곡 일반을 이르는 말.

丿 丿 竹 甶 甶 甶 紳 紳 綝 綝 樂 樂 樂 樂

樂 樂 樂

殊
다를 **수**

- **特殊**(특수) : 보통의 것과는 특별히 다른 것.
- **殊常**(수상) : 보통과 달리 이상함.

一 ㄱ �541 歹 歹 歹 殀 殊 殊 殊

殊 殊 殊

貴
귀할 **귀**

- **品貴**(품귀) : 물건이 귀함.
- **貴重**(귀중) : 귀하고 소중함.

丶 丷 口 中 虫 串 虫 貴 貴 貴 貴 貴

貴 貴 貴

賤
천할 **천**

- **貧賤**(빈천) : 가난하고 천한 것.
- **賤視**(천시) : 업신여겨 봄. 업신여김.

丨 冂 冃 月 目 貝 貝 貝 賎 賎 賎 賤 賤 賤 賤

賤 賤 賤

禮別尊卑 (예별존비)

예법도 신분의 높고 낮음에 따라 구별하였다.

禮 예도 **례**	· 禮式(예식) : 예법에 따라 치르는 의식. · 答禮(답례) : 남에게서 받은 예를 도로 갚음. 一 二 亍 亍 示 示 示 和 和 神 神 神 神 禮 禮 禮 禮 禮 禮 禮

別 다를 **별**	· 別味(별미) : 별다른 맛. 또는 그러한 음식. · 別途(별도) : 딴 방면. 딴 용도. 丨 口 口 号 另 別 別 別 別 別

尊 높을 **존**	· 尊待(존대) : 높이 받들어 대접하는 것. · 尊重(존중) : 높이고 중하게 여기는 것. ノ 八 八 代 代 待 尚 尚 尚 齒 酋 尊 尊 尊 尊 尊

卑 낮을 **비**	· 卑賤(비천) : 신분이 낮고 천함. · 卑下(비하) : 자기 자신을 낮추는 것. ノ ノ 白 白 白 甲 鱼 卑 卑 卑 卑

42일차 上和下睦 (상화하목)

위에서 사랑하고 아래에서 공경함으로써 서로 화목하고,

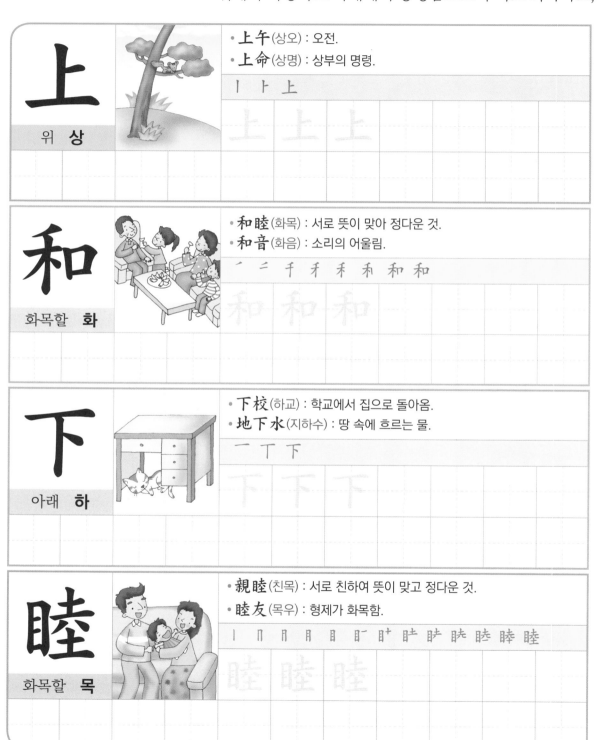

上 위 상

- **上午**(상오) : 오전.
- **上命**(상명) : 상부의 명령.

｜ ｜ 上

和 화목할 화

- **和睦**(화목) : 서로 뜻이 맞아 정다운 것.
- **和音**(화음) : 소리의 어울림.

ノ ニ 千 禾 禾 禾 和 和

下 아래 하

- **下校**(하교) : 학교에서 집으로 돌아옴.
- **地下水**(지하수) : 땅 속에 흐르는 물.

一 丁 下

睦 화목할 목

- **親睦**(친목) : 서로 친하여 뜻이 맞고 정다운 것.
- **睦友**(목우) : 형제가 화목함.

｜ 冂 冂 月 月 目 目 目 肸 旷 肸 睦 睦 睦

夫唱婦隨 (부창부수)

남편이 부르면 아내가 따라서 화목한 가정을 이룬다.

夫
지아비 부

- 夫人 (부인) : 남의 아내를 높여 이르는 말.
- 農夫 (농부) : 농사짓는 사람.

一 二 㚈 夫

夫 夫 夫

唱
부를 창

- 歌唱 (가창) : 노래를 부름.
- 合唱 (합창) : 여럿이 혼성으로 노래를 부름.

丨 丬 口 口 吖 呵 呵 唱 唱 唱 唱

唱 唱 唱

婦
지어미 부

- 主婦 (주부) : 한집안의 살림살이를 주관하는 안주인.
- 夫婦 (부부) : 남편과 아내.

く 女 女 女 婦 婦 婦 婦 婦 婦

婦 婦 婦

隨
따를 수

- 隨行 (수행) : 웃사람 뒤를 따라감.
- 隨伴 (수반) : 어떤 사물 현상에 따라서 함께 생기는 것.

丨 丬 阝 阝 阝 阝 阝 阝 隋 隋 隋 隋 隨 隨 隨

隨 隨 隨

外受傅訓 (외수부훈)

밖에 나가서는 스승의 가르침을 받고,

外
바깥 **외**

· **外出**(외출) : 밖으로 나감.
· **外面**(외면) : 받아들이지 않고 무시함.

丿 勹 夕 列 外

受
받을 **수**

· **受信**(수신) : 우편물·전보 등의 통신을 받는 것.
· **受難**(수난) : 겪어 내기 어려운 일을 당하는 것.

丶 丿 丷 丷 冖 冖 쯧 爱 受

傅
스승 **부**

· **師傅**(사부) : 스승.

丿 亻 亻 亻 仃 仃 伒 伸 傅 傅 傅

訓
가르칠 **훈**

· **訓練**(훈련) : 배우고 익히기 위해 연마하고 단련함.
· **訓示**(훈시) : 가르쳐 타이름.

丶 二 亖 言 言 言 訂 訓 訓

入奉母儀 (입봉모의)

집에 들어와서는 어머니의 행실을 본받는다.

入
들 입

• 入國(입국) : 국경 안으로 들어가는 것.
• 入學(입학) : 학교에 들어가는 것.

ノ 入

入 入 入

奉
받들 봉

• 奉養(봉양) : 집안의 어른을 받들어 모심.
• 奉仕(봉사) : 남을 위하여 자신을 돌보지 않고 애쓰는 것.

一 二 三 ᆯ 夫 夫 表 奉

奉 奉 奉

母
어미 모

• 母校(모교) : 자기가 배우고 졸업한 학교.
• 生母(생모) : 자기를 낳은 어머니.

ㄴ 母 母 母 母

母 母 母

儀
거동 의

• 禮儀(예의) : 사회 생활이나 사람과 사람의 관계에서 가져야 할 공손한 태도와 말씨와 몸가짐.

ノ 亻 亻 亻 亻 亻 亻 俤 俤 俤 俤 儀 儀 儀

儀 儀 儀

諸姑伯叔 (제고백숙)

고모와 백부, 숙부들은 아버지의 형제시니,

諸
모두 **제**

• **諸君**(제군) : 통솔자나 지도자가 여러 명의 아랫사람들을 부르거나 가리키는 말.

丶 丶 亠 亖 亖 言 言 言 計 誅 詩 詩 諸 諸 諸

諸 諸 諸

姑
고모 **고**

• **姑母**(고모) : 아버지의 누이.
• **姑婦**(고부) : 시어머니와 며느리.

く 乀 女 女 妙 妙 姑 姑

姑 姑 姑

伯
맏 **백**

• **伯父**(백부) : 아버지의 맏형을 이르는 말. 큰아버지.
• **伯兄**(백형) : 맏형.

丿 亻 亻 亻 伯 伯 伯

伯 伯 伯

叔
아재비 **숙**

• **叔父**(숙부) : 아버지의 남동생을 이르는 말. 작은아버지.
• **叔姪**(숙질) : 아저씨와 조카.

丨 卜 上 爿 爿 未 叔 叔

叔 叔 叔

猶子比兒 (유자비아)

조카들도 자기 자식과 같이 대해야 한다.

猶
같을 **유**

• **猶父猶子**(유부유자) : 아버지 같고 자식 같다는 뜻으로, 아저씨와 조카.

ノ ｊ ｊ ｊ ｊ ｊ 狞 狞 狞 猶 猶 猶

猶 猶 猶

子
아들 **자**

• **子女**(자녀) : 아들과 딸.
• **母子**(모자) : 어머니와 아들.

フ 了 子

子 子 子

比
견줄 **비**

• **比等**(비등) : 서로 엇비슷함.
• **比較**(비교) : 둘 이상의 것을 견주어 차이·우열 등을 살피는 것.

一 ト ヒ 比

比 比 比

兒
아이 **아**

• **小兒**(소아) : 어린아이.
• **育兒**(육아) : 어린아이를 기름.

ノ ｒ ｆ 臼 臼 白 兒 兒

兒 兒 兒

孔懷兄弟 (공회형제)

형제는 서로 사랑하며 의좋게 지내야 한다.

孔 매우 공	• 孔明(공명) : 매우 밝음. • 孔孟(공맹) : 공자와 맹자. `ㄱ 了 子 孔`

懷 품을 회	• 懷抱(회포) : 마음 속에 품은 생각.
	`丶 忄 忄 忛 忛 忛 忰 忰 忰 忰 忰 忰 忰 忰`
	`忰 忰 懷 懷`

兄 맏 형	• 兄弟(형제) : 형과 아우. • 兄夫(형부) : 언니의 남편. `丶 丨 口 口 尸 兄`
弟 아우 제	• 弟子(제자) : 스승의 가르침을 받은 사람. • 子弟(자제) : 남을 높이어 그의 아들을 일컫는 말. `丶 丷 台 肖 肖 弟 弟`

同氣連枝 (동기련지)

형제는 부모의 기운을 함께 받았으니, 이는 나무의 가지와 같다.

同	한가지 **동**	• **同時**(동시) : 같은 때나 시기. • **同一**(동일) : 서로 같은 것.

丨 冂 冂 同 同 同

同 同 同

氣	기운 **기**	• **人氣**(인기) : 세상 사람의 좋은 평판. • **日氣**(일기) : 날씨.

丿 ﾉ ﾐ 气 气 气 氣 氣 氣 氣

氣 氣 氣

連	이을 **련**	• **連續**(연속) : 끊이지 않고 죽 잇거나 지속하는 것. • **連結**(연결) : 서로 이어서 맺는 것.

一 厂 冃 冃 百 亘 車 車 連 連 連

連 連 連

枝	가지 **지**	• **枝葉**(지엽) : ① 가지와 잎. ② 중요하지 않은 부분. • **枝節**(지절) : 나무의 가지와 마디.

一 十 才 木 杧 杧 枝 枝

枝 枝 枝

交友投分 (교우투분)

친구를 사귈 때에는 서로 분에 맞게 사귀어야 하고,

交 사귈 교		• 交友(교우) : 벗을 사귀는 것. • 交代(교대) : 서로 번갈아 하는 것.
		` 一 宀 六 交 交
		交 交 交

友 벗 우		• 友情(우정) : 벗 사이의 정분. 우애. • 學友(학우) : 함께 공부하는 벗.
		一 ナ 方 友
		友 友 友

投 던질 투		• 投擲(투척) : 비교적 무거운 물체를 힘껏 던지는 것. • 投手(투수) : 야구에서, 내야의 중앙에서 타자에게 공을 던지는 사람.
		一 十 扌 扌 护 投 投
		投 投 投

分 나눌 분		• 分斷(분단) : 동강이 나게 끊어 자르는 것. • 區分(구분) : 어떤 기준으로 나누어 따로따로의 상태가 되게 하는 것.
		ノ 八 今 分
		分 分 分

切磨箴規 (절마잠규)

열심히 갈고 닦아서 서로 경계하며 바로잡아 주어야 한다.

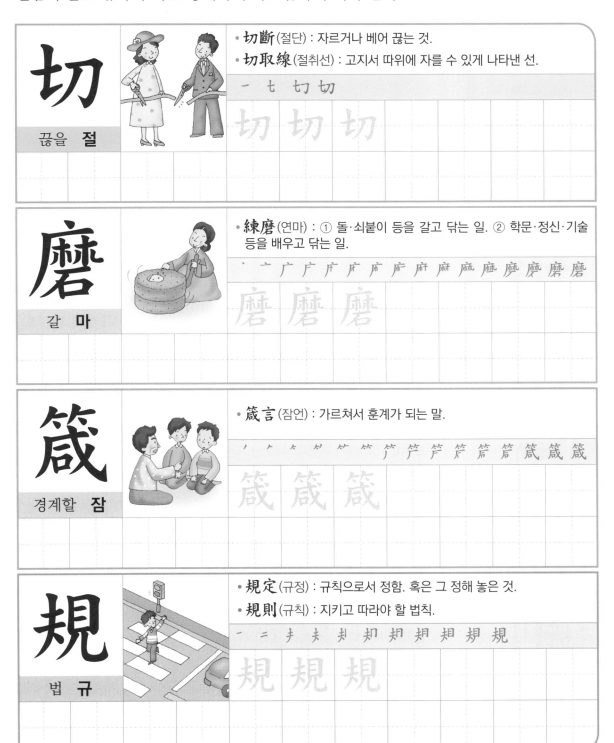

切 끊을 **절**		• **切斷**(절단) : 자르거나 베어 끊는 것. • **切取線**(절취선) : 고지서 따위에 자를 수 있게 나타낸 선. 一 七 切 切

磨 갈 **마**		• **練磨**(연마) : ① 돌·쇠붙이 등을 갈고 닦는 일. ② 학문·정신·기술 등을 배우고 닦는 일. 亠 广 广 广 庐 庐 庐 庐 麻 麻 麻 麽 磨 磨 磨

箴 경계할 **잠**		• **箴言**(잠언) : 가르쳐서 훈계가 되는 말. ノ ト ケ 竺 竹 竹 笂 笁 笁 笚 箮 箮 箴 箴 箴

規 법 **규**		• **規定**(규정) : 규칙으로서 정함. 혹은 그 정해 놓은 것. • **規則**(규칙) : 지키고 따라야 할 법칙. 一 二 手 夫 刧 扣 扣 知 趄 規 規

仁慈隱惻 (인자은측)

어진 마음으로 남을 사랑하고 측은히 여겨야 하며,

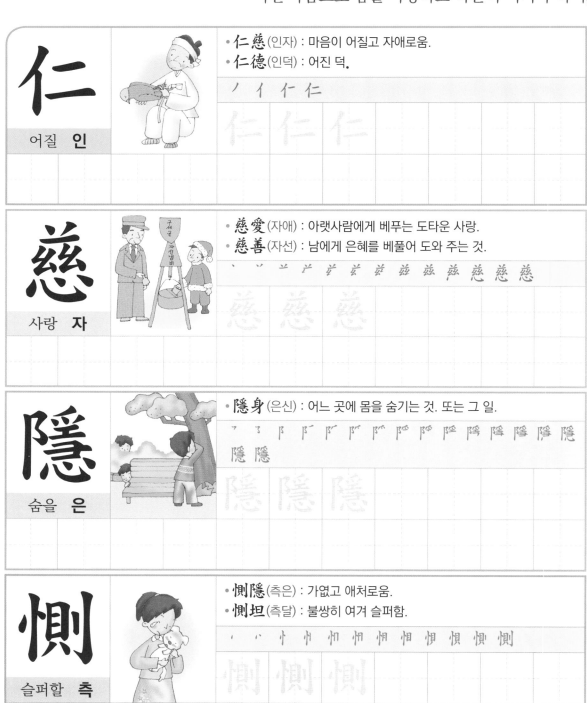

仁
어질 **인**

- **仁慈**(인자) : 마음이 어질고 자애로움.
- **仁德**(인덕) : 어진 덕.

ノ イ 亻 仁

慈
사랑 **자**

- **慈愛**(자애) : 아랫사람에게 베푸는 도타운 사랑.
- **慈善**(자선) : 남에게 은혜를 베풀어 도와 주는 것.

丶 丷 丷 亠 产 兯 兹 兹 兹 兹 兹 慈 慈 慈

隱
숨을 **은**

- **隱身**(은신) : 어느 곳에 몸을 숨기는 것. 또는 그 일.

フ ３ 阝 阝 阝 阝 阝 阝 阝 阝 陘 隆 隆 隱 隱
隱 隱

惻
슬퍼할 **측**

- **惻隱**(측은) : 가엾고 애처로움.
- **惻怛**(측달) : 불쌍히 여겨 슬퍼함.

丶 丷 忄 忄 忄 忄 忄 忄 忄 怛 惻 惻 惻

造次弗離(조차불리)

남을 동정하는 마음을 잠시라도 잊지 말고 항상 가져야 한다.

造 지을 조

- **製造**(제조) : 공장 등에서 큰 규모로 물건을 만드는 것.
- **改造**(개조) : 조직·구조·기구 따위를 고쳐 다시 만드는 것.

丿 ㇏ 牛 牛 牛 告 告 告 浩 造 造 造

造 造 造

次 버금 차

- **次期**(차기) : 다음의 시기.
- **今次**(금차) : 이번.

丶 冫 冫 次 次 次

次 次 次

弗 아닐 불

- **弗素**(불소) : 플루오르. 자극적인 냄새가 나는 황록색의 기체.

㇆ ㄱ 弓 弔 弗

弗 弗 弗

離 떠날 리

- **離別**(이별) : 서로 갈려 떨어지는 것.

丶 亠 ㇠ 方 卥 卤 离 离 离 离 离 離 離 離 離

離 離 離 離

離 離 離

節義廉退 (절의렴퇴)

절개와 의리, 청렴과 사양함의 자세를 항상 가져야 하며,

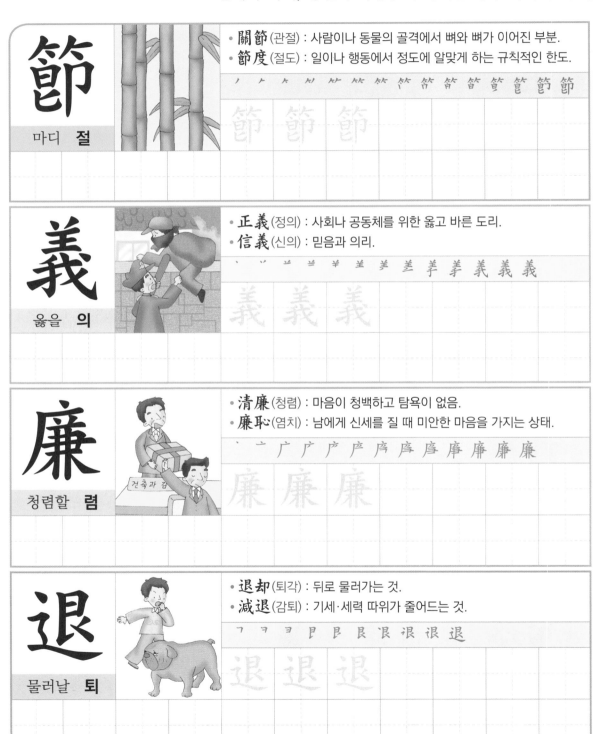

節
마디 **절**

• **關節** (관절) : 사람이나 동물의 골격에서 뼈와 뼈가 이어진 부분.
• **節度** (절도) : 일이나 행동에서 정도에 알맞게 하는 규칙적인 한도.

丿 ケ ゲ 竹 竹 竻 竻 笱 笱 笱 笱 箮 箮 節 節

節 節 節

義
옳을 **의**

• **正義** (정의) : 사회나 공동체를 위한 옳고 바른 도리.
• **信義** (신의) : 믿음과 의리.

丶 丷 丷 兰 半 羊 羊 羊 差 義 義 義

義 義 義

廉
청렴할 **렴**

• **淸廉** (청렴) : 마음이 청백하고 탐욕이 없음.
• **廉恥** (염치) : 남에게 신세를 질 때 미안한 마음을 가지는 상태.

丶 丶 广 广 广 广 产 庐 庐 庐 庚 庸 廉 廉

廉 廉 廉

退
물러날 **퇴**

• **退却** (퇴각) : 뒤로 물러가는 것.
• **減退** (감퇴) : 기세·세력 따위가 줄어드는 것.

フ コ ヨ 艮 艮 艮 艮 退 退 退

退 退 退

顚沛匪虧 (전패비휴)

그것은 엎어지고 넘어져도 흐트러져서는 안 된다.

• 顚倒(전도) : 엎어져서 넘어지는 것.

넘어질 전

• 顚沛(전패) : 엎어지고 자빠지는 것.

자빠질 패

• 匪他(비타) : 살붙이. 골육(骨肉).

아닐 비

• 虧月(휴월) : 이지러진 달.

이지러질 휴

性靜情逸 (성정정일)

성품이 고요하면 마음이 편안하고,

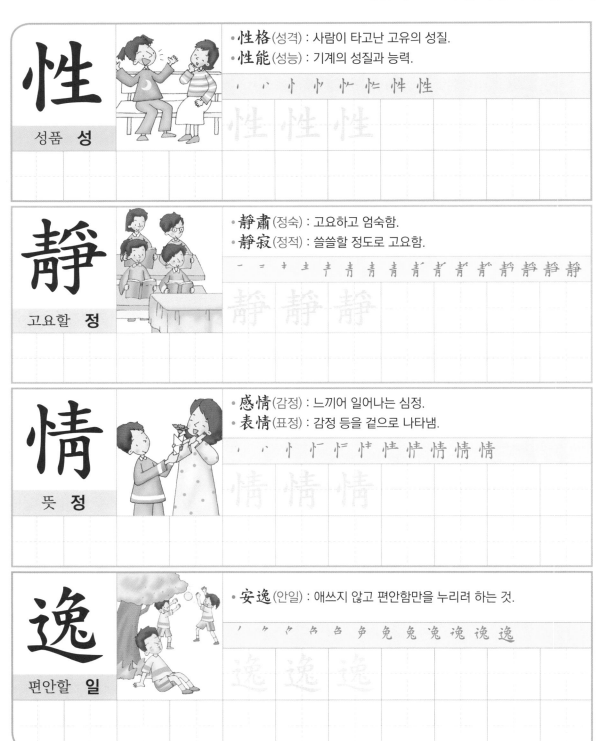

性
성품 성

- **性格**(성격) : 사람이 타고난 고유의 성질.
- **性能**(성능) : 기계의 성질과 능력.

丶 丶 忄 忄 忄 忙 忙 性 性

靜
고요할 정

- **靜肅**(정숙) : 고요하고 엄숙함.
- **靜寂**(정적) : 쓸쓸할 정도로 고요함.

一 二 十 主 丰 青 青 青 靑 靑 靑 靜 靜 靜 靜

情
뜻 정

- **感情**(감정) : 느끼어 일어나는 심정.
- **表情**(표정) : 감정 등을 겉으로 나타냄.

丶 丶 忄 忄 忄 忄 情 情 情 情 情

逸
편안할 일

- **安逸**(안일) : 애쓰지 않고 편안함만을 누리려 하는 것.

丿 丿 丿 甶 甶 免 免 免 逸 逸 逸 逸

心動神疲 (심동신피)

마음이 요동하면 정신도 피곤해진다.

| 心
마음 **심** | | • 心氣(심기) : 마음으로 느끼는 기분.
• 心算(심산) : 속셈. |
| 丶 心 心 心 | | |

| 動
움직일 **동** | | • 動物(동물) : 짐승을 이르는 말.
• 活動(활동) : 힘차게 몸을 움직임. |
| 一 二 千 千 斤 斤 斤 盲 重 重 動 動 | | |

| 神
귀신 **신** | | • 神靈(신령) : 풍습으로 섬기는 모든 신.
• 神童(신동) : 재주와 슬기가 뛰어난 아이. |
| 一 二 千 千 禾 禾 禾 和 和 神 | | |

| 疲
피곤할 **피** | | • 疲勞(피로) : 과로로 인하여 몸이나 정신이 지쳐서 고단한 것.
• 疲弊(피폐) : 생활이나 경제력 등이 어려워져 궁하게 된 상태. |
| 丶 亠 广 广 广 疒 疒 疒 疲 疲 | | |

守眞志滿 (수진지만)

사람의 참된 마음을 지키면 그 뜻이 충만하게 되고,

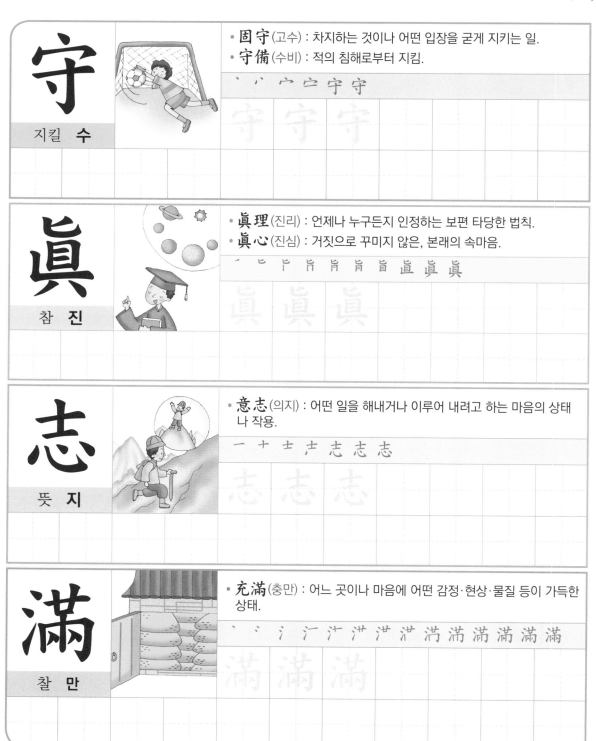

守
지킬 **수**

- **固守**(고수) : 차지하는 것이나 어떤 입장을 굳게 지키는 일.
- **守備**(수비) : 적의 침해로부터 지킴.

` ｀ ′ ′ ′ 宀 宀 守 守 `

眞
참 **진**

- **眞理**(진리) : 언제나 누구든지 인정하는 보편 타당한 법칙.
- **眞心**(진심) : 거짓으로 꾸미지 않은, 본래의 속마음.

` ｀ ヒ ヒ 片 片 肯 肯 直 眞 眞 `

志
뜻 **지**

- **意志**(의지) : 어떤 일을 해내거나 이루어 내려고 하는 마음의 상태나 작용.

` 一 十 士 ナ 志 志 志 `

滿
찰 **만**

- **充滿**(충만) : 어느 곳이나 마음에 어떤 감정·현상·물질 등이 가득한 상태.

` ｀ ｀ ｀ 氵 汀 汀 汁 汁 泮 満 満 満 満 滿 滿 `

逐物意移 (축물의이)

물건을 탐하는 욕심을 따르면 마음도 변하게 된다.

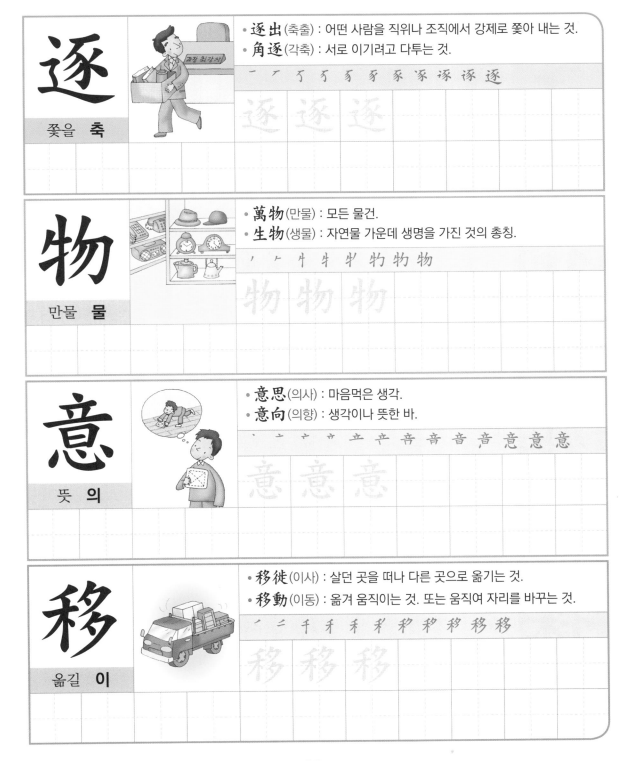

逐出(축출) : 어떤 사람을 직위나 조직에서 강제로 쫓아 내는 것.
角逐(각축) : 서로 이기려고 다투는 것.

一 丁 丁 丂 豕 豕 豕 逐 逐 逐

逐 쫓을 축

萬物(만물) : 모든 물건.
生物(생물) : 자연물 가운데 생명을 가진 것의 총칭.

丿 宀 牛 牛 牛 物 物 物

物 만물 물

意思(의사) : 마음먹은 생각.
意向(의향) : 생각이나 뜻한 바.

丶 亠 亠 立 产 音 音 音 音 意 意 意

意 뜻 의

移徙(이사) : 살던 곳을 떠나 다른 곳으로 옮기는 것.
移動(이동) : 옮겨 움직이는 것. 또는 움직여 자리를 바꾸는 것.

丿 二 千 千 禾 禾 利 移 移 移 移 移

移 옮길 이

堅持雅操(견지아조)

맑은 절개와 지조를 굳게 지키고 살면,

堅
굳을 **견**

- **堅固**(견고) : 굳고 튼튼함.
- **堅持**(견지) : 주장이나 주의 따위를 굳게 지니는 일.

一 丁 王 王 王 王 臣 臤 臤 堅 堅 堅

堅 堅 堅

持
가질 **지**

- **持病**(지병) : 오랫동안 몸에 지녀 온 병.
- **持久力**(지구력) : 어떤 일을 오래 해낼 수 있는 힘.

一 十 才 才 扩 扩 抟 持 持

持 持 持

雅
우아할 **아**

- **雅淡**(아담) : 말쑥하고 담담함.
- **優雅**(우아) : 고상하고 기품이 있으며 아름다움.

一 二 牙 牙 牙 犴 犴 狎 狎 雅 雅

雅 雅 雅

操
지조 **조**

- **志操**(지조) : 옳은 원칙과 신념을 지켜 끝까지 굽히지 않는 꿋꿋한 의지. 또는 그러한 기개.

一 十 才 扌 打 扣 押 押 押 押 捛 捛 捏 操 操

操 操 操

好爵自縻 (호작자미)

좋은 벼슬이 스스로 이르게 된다.

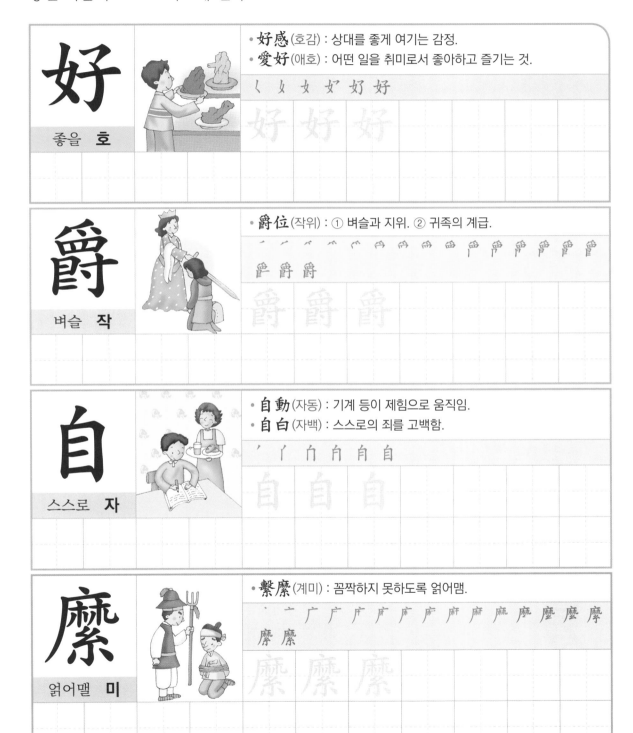

好 좋을 **호**

- 好感(호감) : 상대를 좋게 여기는 감정.
- 愛好(애호) : 어떤 일을 취미로서 좋아하고 즐기는 것.

く 女 女 女 好 好

爵 벼슬 **작**

- 爵位(작위) : ① 벼슬과 지위. ② 귀족의 계급.

自 스스로 **자**

- 自動(자동) : 기계 등이 제힘으로 움직임.
- 自白(자백) : 스스로의 죄를 고백함.

ノ イ 冇 户 自 自

縻 얽어맬 **미**

- 繫縻(계미) : 꼼짝하지 못하도록 얽어맴.

都邑華夏 (도읍화하)

왕성의 도읍을 화하에 정하였으니,

※ 화하(華夏)는 당시 중국을 칭하는 말이다.

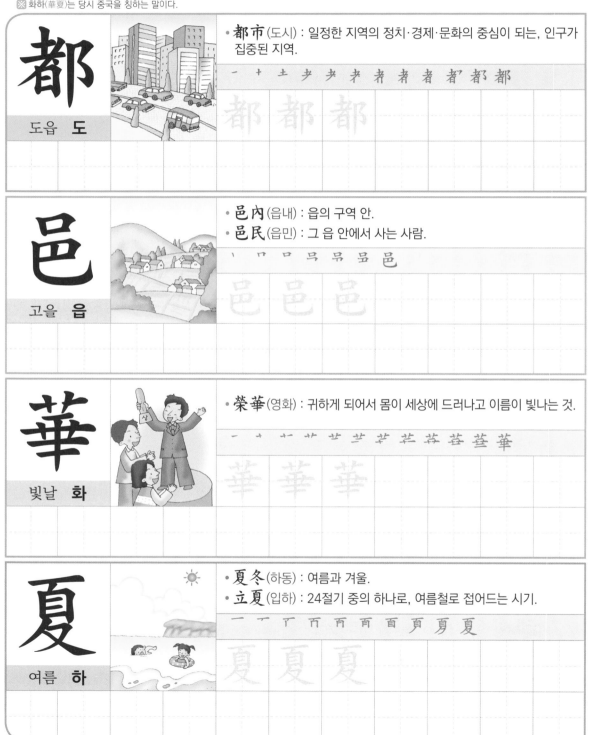

都
도읍 **도**

• **都市**(도시) : 일정한 지역의 정치·경제·문화의 중심이 되는, 인구가 집중된 지역.

一 十 土 少 夬 孝 者 者 者 者′ 都 都

都 都 都

邑
고을 **읍**

• **邑内**(읍내) : 읍의 구역 안.
• **邑民**(읍민) : 그 읍 안에서 사는 사람.

丨 丨 口 口 므 吕 吕 邑

邑 邑 邑

華
빛날 **화**

• **榮華**(영화) : 귀하게 되어서 몸이 세상에 드러나고 이름이 빛나는 것.

一 十 ナ 艹 艹 芒 芢 芢 苙 苙 苲 華

華 華 華

夏
여름 **하**

• **夏冬**(하동) : 여름과 겨울.
• **立夏**(입하) : 24절기 중의 하나로, 여름철로 접어드는 시기.

一 一 丆 亓 而 百 百 戶 戶 夏 夏

夏 夏 夏

東西二京 (동서이경)

동쪽과 서쪽에 두 서울을 두었다.

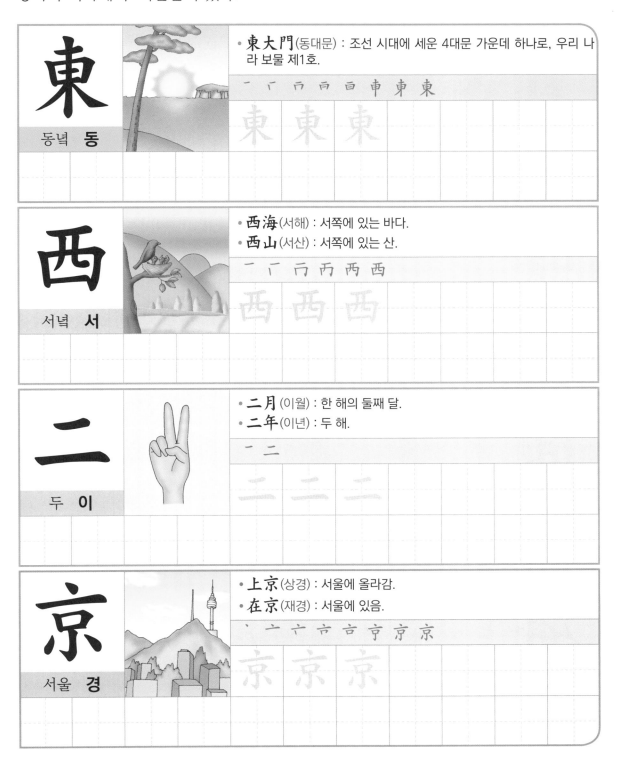

東
동녘 **동**

- **東大門**(동대문) : 조선 시대에 세운 4대문 가운데 하나로, 우리 나라 보물 제1호.

一 广 闩 闩 甶 車 東 東

西
서녘 **서**

- **西海**(서해) : 서쪽에 있는 바다.
- **西山**(서산) : 서쪽에 있는 산.

一 广 闩 丙 西 西

二
두 **이**

- **二月**(이월) : 한 해의 둘째 달.
- **二年**(이년) : 두 해.

一 二

京
서울 **경**

- **上京**(상경) : 서울에 올라감.
- **在京**(재경) : 서울에 있음.

一 一 亠 宀 宁 亨 亨 京

背邙面洛 (배망면락)

북망산을 등지고, 앞으로는 낙수를 바라보는 곳이며,
※ 동경인 낙양과 서경인 장안의 지리적 환경을 설명하고 있다.

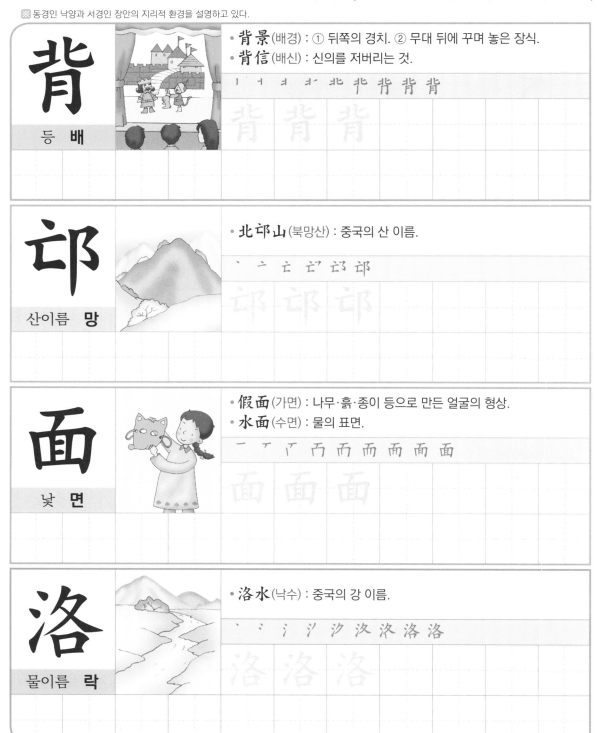

背 등 배

• 背景(배경) : ① 뒤쪽의 경치. ② 무대 뒤에 꾸며 놓은 장식.
• 背信(배신) : 신의를 저버리는 것.

丿 コ 彳 扌 北 北 背 背 背

背 背 背

邙 산이름 망

• 北邙山(북망산) : 중국의 산 이름.

丶 二 亡 亡 邙 邙

邙 邙 邙

面 낯 면

• 假面(가면) : 나무·흙·종이 등으로 만든 얼굴의 형상.
• 水面(수면) : 물의 표면.

一 ア ア 瓦 而 面 面 面

面 面 面

洛 물이름 락

• 洛水(낙수) : 중국의 강 이름.

丶 丶 氵 氵 汐 泫 洛 洛

洛 洛 洛

浮渭據涇 (부위거경)

위수 강가에 위치하고, 경수를 의지하고 있다.

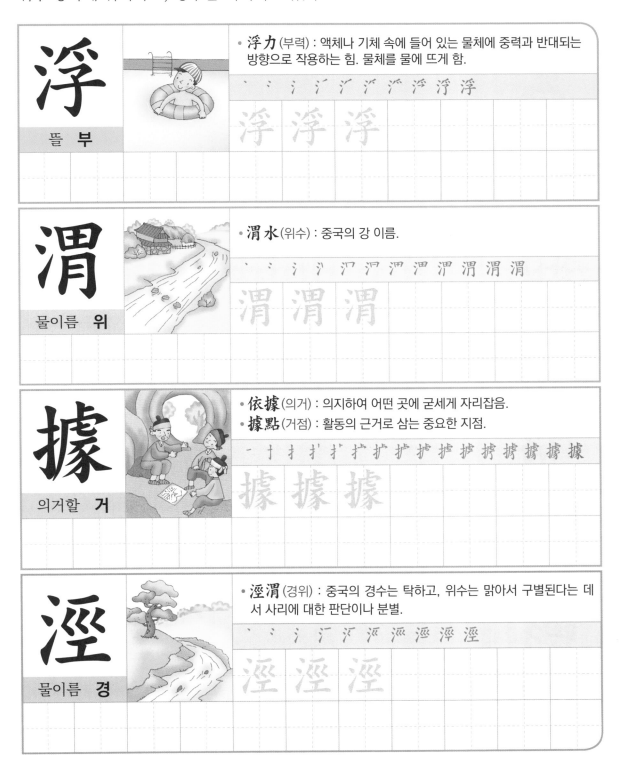

浮
뜰 부

- 浮力 (부력) : 액체나 기체 속에 들어 있는 물체에 중력과 반대되는 방향으로 작용하는 힘. 물체를 물에 뜨게 함.

丶 丶 冫 沪 浐 浐 浮 浮 浮

渭
물이름 위

- 渭水 (위수) : 중국의 강 이름.

丶 丶 冫 沪 沪 沪 渭 渭 渭 渭 渭 渭

據
의거할 거

- 依據 (의거) : 의지하여 어떤 곳에 굳세게 자리잡음.
- 據點 (거점) : 활동의 근거로 삼는 중요한 지점.

一 十 扌 扌 扩 扩 护 护 护 护 护 据 据 据 據

涇
물이름 경

- 涇渭 (경위) : 중국의 경수는 탁하고, 위수는 맑아서 구별된다는 데서 사리에 대한 판단이나 분별.

丶 丶 冫 氵 沪 沤 涇 涇 涇 涇

宮殿盤鬱 (궁전반울)

궁전은 울창한 나무 사이에 서린 듯이 정하였고,

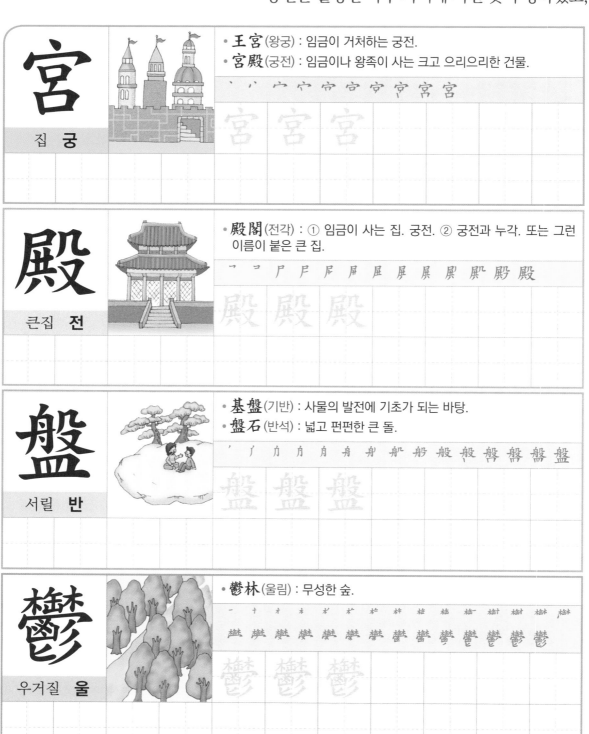

宮 집 궁

• 王宮(왕궁) : 임금이 거처하는 궁전.
• 宮殿(궁전) : 임금이나 왕족이 사는 크고 으리으리한 건물.

丶丶宀宀宁宫宫宫宫宫

殿 큰집 전

• 殿閣(전각) : ① 임금이 사는 집. 궁전. ② 궁전과 누각. 또는 그런 이름이 붙은 큰 집.

フコア尸尸尾屈屈屏屏殷殿殿

盤 서릴 반

• 基盤(기반) : 사물의 발전에 기초가 되는 바탕.
• 盤石(반석) : 넓고 편편한 큰 돌.

丿丿力月月舟舟舮舫般般般般般盤

鬱 우거질 울

• 鬱林(울림) : 무성한 숲.

一十才木木朼朼杵栉楠槠楠樹楠樹

鬱鬱鬱鬱鬱鬱鬱鬱鬱鬱鬱鬱鬱

樓觀飛驚 (누관비경)

궁전의 망루는 높아서 올라가면 나는 듯하여 놀란다.

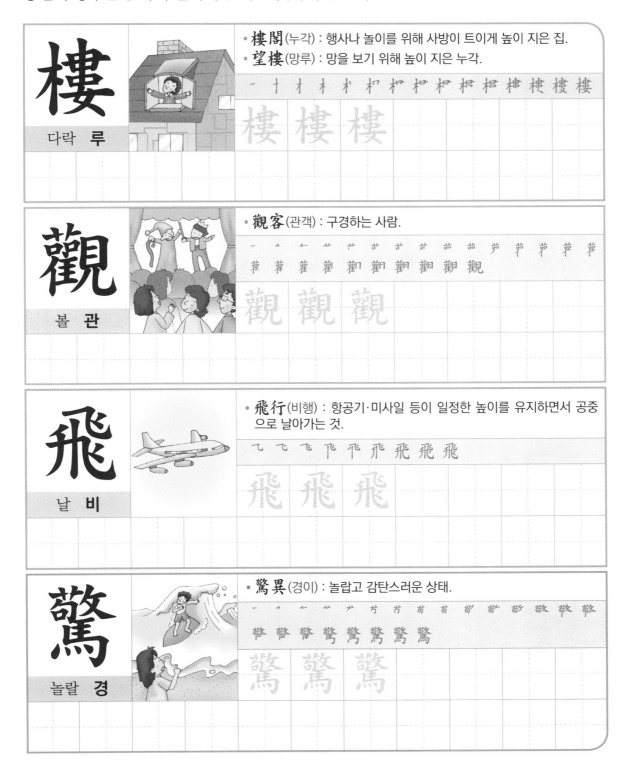

樓
다락 **루**

- **樓閣**(누각) : 행사나 놀이를 위해 사방이 트이게 높이 지은 집.
- **望樓**(망루) : 망을 보기 위해 높이 지은 누각.

一 十 十 オ 木 杧 杧 杧 杧 桿 桿 桿 樓 樓 樓

樓 樓 樓

觀
볼 **관**

- **觀客**(관객) : 구경하는 사람.

一 十 十 十 芢 芢 芢 芢 芢 茈 芦 芛 芛 芛 萆
萆 萆 萑 雚 雚 雚 觀 觀 觀 觀

觀 觀 觀

飛
날 **비**

- **飛行**(비행) : 항공기·미사일 등이 일정한 높이를 유지하면서 공중으로 날아가는 것.

乙 飞 飞 乤 飞 飞 飛 飛 飛

飛 飛 飛

驚
놀랄 **경**

- **驚異**(경이) : 놀랍고 감탄스러운 상태.

一 十 十 艹 艹 芍 芍 苟 苟 苟 苟 敬 敬 敬
驚 驚 驚 驚 驚 驚 驚 驚

驚 驚 驚

圖寫禽獸 (도사금수)

궁전 안에는 새와 짐승을 그린 그림이 장식되어 있고,

그림 **도**

- **圖面**(도면) : 설계 그림.
- **地圖**(지도) : 지구 표면을 그린 그림.

丨 冂 冂 冂 冋 冋 圂 圂 圖 圖 圖 圖 圖 圖

圖 圖 圖

베낄 **사**

- **寫本**(사본) : 옮기어 베낌.
- **寫生**(사생) : 실물을 보고 그대로 그림.

丶 丶 宀 宀 宀 宀 宀 宀 宙 宯 寫 寫 寫 寫 寫

寫 寫 寫

새 **금**

- **家禽**(가금) : 닭·오리 따위와 같이 집에서 기르는 날짐승.
- **禽獸**(금수) : 날짐승과 길짐승. 곧 모든 짐승.

丿 人 人 人 今 今 숙 숨 숨 禽 禽 禽 禽

禽 禽 禽

짐승 **수**

- **猛獸**(맹수) : 사나운 짐승.

丶 丷 丷 뽀 뽀 뽀 뽀 쀽 쀽 쀽 쀽 쀽 쀽 쀽

쀽 쀽 獸 獸

獸 獸 獸

畵采仙靈 (화채선령)

신선과 신령의 그림도 화려하게 채색되어 있다.

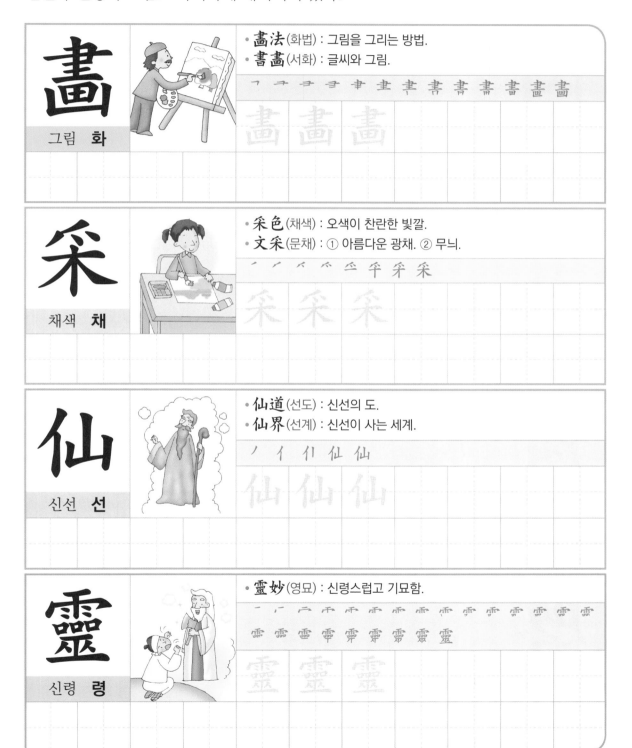

畵 그림 화
- **畵法**(화법) : 그림을 그리는 방법.
- **書畵**(서화) : 글씨와 그림.

ㄱ ㄱ ㅋ ㅋ 聿 聿 畵 畵 畵 畵 畵 畵 畵

采 채색 채
- **采色**(채색) : 오색이 찬란한 빛깔.
- **文采**(문채) : ① 아름다운 광채. ② 무늬.

ノ ハ ハ 쑤 쑤 쭈 采 采 采

仙 신선 선
- **仙道**(선도) : 신선의 도.
- **仙界**(선계) : 신선이 사는 세계.

ノ イ 仁 仙 仙

靈 신령 령
- **靈妙**(영묘) : 신령스럽고 기묘함.

一 广 广 市 帝 帝 帝 帝 帝 帝 帝 帝 帝 帝 帝
靈 靈 靈 靈 靈 靈 靈 靈 靈

丙舍傍啓 (병사방계)

병사의 문은 임금님이 계신 정전 옆에 열려 있고,

※ 병사(丙舍)란 궁궐에서 신하들이 쉬는 곳을 말한다.

丙
남녘 **병**

• 丙子胡亂(병자호란) : 조선 인조 14년(1636년)에 청나라가 침입한 난리.

一 丆 丙 丙 丙

舍
집 **사**

• 官舍(관사) : 관청에서 지은 관리의 집.
• 舍廊(사랑) : 바깥주인이 거처하며 손님을 접대하는 곳.

丿 亼 亽 仐 全 舍 舍

傍
곁 **방**

• 傍觀(방관) : 나서서 돕거나 바로잡거나 상관하지 않고 그냥 내버려 두는 것.

丿 亻 仃 仁 仁 仡 伫 佇 倖 傍 傍

啓
열 **계**

• 啓發(계발) : 슬기와 재능 등을 일깨워 더 나은 상태가 되게 하는 것.

丶 丆 尸 戶 臣 臤 臤 啓 啓 啓 啓

甲帳對楹 (갑장대영)

크고 아름다운 휘장은 큰 기둥을 마주 보며 둘러 있다.

甲
갑옷 **갑**

- **甲冑**(갑주) : 갑옷과 투구.
- **同甲**(동갑) : 같은 해에 태어나 서로 같은 나이.

一 冂 冂 日 甲

甲 甲 甲

帳
휘장 **장**

- **帳幕**(장막) : 야외에서 볕이나 비바람 따위를 막기 위하여 둘러치는 막.

丨 冂 巾 忄 忙 忙 恨 帳 帳 帳

帳 帳 帳

對
마주볼 **대**

- **對立**(대립) : 서로 맞섬.
- **對話**(대화) : 이야기함.

丨 丬 业 业 业 业 业 业 业 业 幸 幸 對 對

對 對 對

楹
기둥 **영**

- **楹棟**(영동) : ① 기둥과 마룻대. ② 가장 중요한 인물.

一 十 才 木 木 杦 柕 柕 柕 楹 楹 楹

楹 楹 楹

119

肆筵設席 (사연설석)

자리를 펴고 돗자리를 깔아 잔치하는 자리를 만들고,

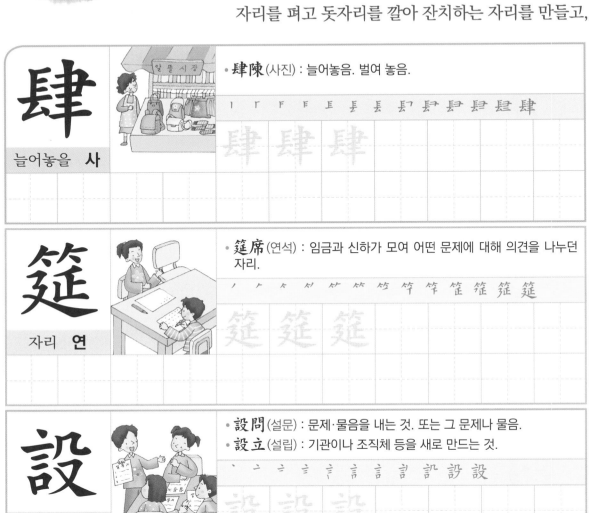

肆
늘어놓을 **사**

- **肆陳**(사진) : 늘어놓음. 벌여 놓음.

丨 丆 丆 톤 톤 톤 톤 톤 톤 톤 톤 톤 肆

肆 肆 肆

筵
자리 **연**

- **筵席**(연석) : 임금과 신하가 모여 어떤 문제에 대해 의견을 나누던 자리.

丿 𠂆 𠂉 𥫗 𥫗 𥫗 𥫗 筵 筵 筵 筵 筵 筵

筵 筵 筵

設
베풀 **설**

- **設問**(설문) : 문제·물음을 내는 것. 또는 그 문제나 물음.
- **設立**(설립) : 기관이나 조직체 등을 새로 만드는 것.

丶 亠 亠 言 言 言 言 設 設 設

設 設 設

席
자리 **석**

- **方席**(방석) : 앉을 때 까는 작은 깔개.
- **出席**(출석) : 어떤 자리에 참석함.

丶 亠 广 户 户 庐 庐 庐 席 席

席 席 席

鼓瑟吹笙 (고슬취생)

북을 치고 비파를 뜯고 생황을 불어 흥을 돋운다.

鼓
북 고

- **鼓手**(고수) : 북을 치는 사람.
- **鼓動**(고동) : 피의 순환을 위하여 뛰는 심장의 운동.

一 十 土 吉 吉 吉 吉 吉 壴 壴 壹 鼓 鼓

鼓 鼓 鼓

瑟
비파 슬

- **琴瑟**(금슬) : 거문고와 비파.

一 二 三 千 王 王 珏 玨 玨 珡 瑟 瑟 瑟

瑟 瑟 瑟

吹
불 취

- **吹奏**(취주) : 피리·나발 따위의 관악기를 불어서 곡을 연주하는 것.

丨 口 口 吖 吹 吹

吹 吹 吹

笙
생황 생

- **笙簧**(생황) : 아악에 쓰이는 관악기의 하나.

丿 卜 片 竹 竹 竹 竹 竽 竿 笙

笙 笙 笙

58일차 陞階納陛 (승계납폐)

임금을 뵈러 계단을 오르는데,

陞 오를 **승**		• **陞進**(승진) : 직위가 오르는 것. • **陞差**(승차) : 한 관청 안에서 윗자리로 벼슬이 오르는 것. ⁷ ³ ⁷ 阝 阝 阼 阡 陌 陞 陞

階 섬돌 **계**		• **階段**(계단) : ① 층계. ② 일을 하는 데 밟아야 할 순서. • **階級**(계급) : 사회나 조직 속에서의 신분·지위 따위의 단계. ⁷ ³ ⁷ 阝 阝 阽 阼 阽 阼 階 階 階

納 들일 **납**		• **收納**(수납) : ① 금품을 받아서 거두어들이는 것. ② 장이나 상자형 가구 등에 물건을 넣어 두는 것. ㄥ ㄠ ㄠ ㄠ 糸 糸 約 約 納 納

陛 섬돌 **폐**		• **陛下**(폐하) : 황제나 황후에 대한 경칭. ⁷ ³ ⁷ 阝 阽 阽 阼 陛 陛 陛

弁轉疑星 (변전의성)

백관들이 쓴 관의 구슬이 별처럼 반짝인다.

弁
고깔 **변**

- **弁服**(변복) : 관과 옷.

ㄴ ㅗ ㅅ ㅑ 弁 弁

弁 弁 弁

轉
구를 **전**

- **運轉**(운전) : 자동차 따위를 장치를 이용해 움직이게 하는 것.

一 ㄷ 厃 甶 甶 車 車 車 軔 軔 軔 軔 軸 轉 轉
轉 轉 轉

轉 轉 轉

疑
의심할 **의**

- **疑心**(의심) : 주어진 그대로 받아들이지 않고 그렇지 않을지도 모른다고 생각하는 것.

ㅌ ㅌ ㅌ ㅌ ㅌ 辵 辵 辵 辵 辵 羢 羢 羢 疑 疑

疑 疑 疑

星
별 **성**

- **行星**(행성) : 태양의 주위를 주로 태양의 중력의 영향을 받아 공전하고, 자신은 빛을 내지 않는 천체.

丶 ⼞ 日 日 尸 尸 尸 星 星

星 星 星

右通廣內 (우통광내)

궁전의 오른편은 광내전으로 통하며,

※ 광내전은 책을 취급하는 곳이며, 승명려는 관료들이 쉬는 곳이다.

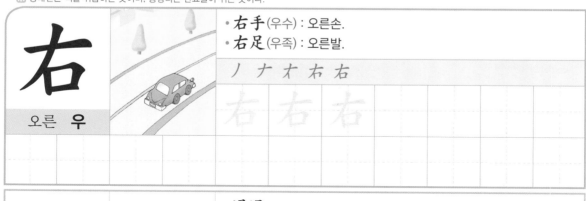

右
오른 **우**

- 右手(우수) : 오른손.
- 右足(우족) : 오른발.

ノ ナ ナ オ 右 右

右 右 右

通
통할 **통**

- 通過(통과) : 통하여 지나감.
- 通用(통용) : 일반적으로 쓰임.

マ ア ヲ 甬 甬 甬 涌 涌 涌 通

通 通 通

廣
넓을 **광**

- 廣場(광장) : 넓은 마당.
- 廣告(광고) : 세상에 널리 알림.

广 广 广 广 产 产 序 庐 庐 庐 廣 廣 廣

廣 廣 廣

內
안 **내**

- 內心(내심) : 속마음.
- 室內(실내) : 방이나 건물 따위의 안.

丨 冂 冂 內

內 內 內

左達承明 (좌달승명)

궁전의 왼편은 승명려로 통한다.

左
왼 **좌**

- **左右**(좌우) : 왼쪽과 오른쪽.
- **左手**(좌수) : 왼손.

一 ナ ナ 左 左

左 左 左

達
이를 **달**

- **達成**(달성) : 뜻한 바를 노력하여 이루는 것.
- **達人**(달인) : 널리 사물의 이치에 정통한 사람.

一 十 土 去 去 幸 幸 幸 幸 達 達 達

達 達 達

承
이을 **승**

- **繼承**(계승) : 이어받는 것.

ᄀ 了 了 丞 承 承 承 承

承 承 承

明
밝을 **명**

- **明暗**(명암) : 밝음과 어두움.
- **表明**(표명) : 드러내 보여서 명백히 함.

ㅣ ㄇ ㄖ ㄖ 日 明 明 明

明 明 明

旣集墳典 (기집분전)

여기에는 이미 삼분(三墳)과 오전(五典)의 옛 서적을 모아 놓았고,

※ 삼분(三墳)은 중국 고대의 3명의 황제의 사적을 적은 책이며, 오전(五典)은 오륜을 뜻한다.

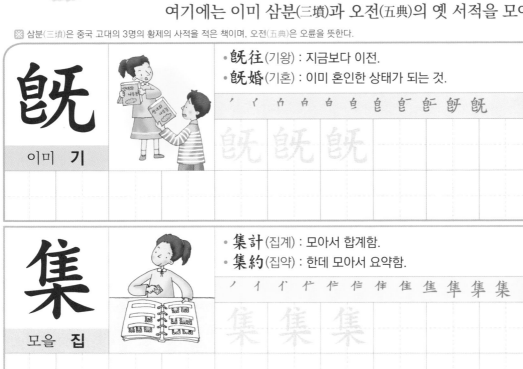

旣 — 이미 기

- 旣往 (기왕) : 지금보다 이전.
- 旣婚 (기혼) : 이미 혼인한 상태가 되는 것.

丿 彡 鸟 鸟 白 白 自 皀 皀 旣 旣

集 — 모을 집

- 集計 (집계) : 모아서 합계함.
- 集約 (집약) : 한데 모아서 요약함.

丿 亻 亻 亻 亻 亻 亻 佳 隹 隹 集 集

墳 — 무덤 분

- 墳墓 (분묘) : 무덤.

一 十 土 圹 圹 圹 圹 圹 圹 圹 坟 墳 墳 墳 墳

典 — 법 전

- 古典 (고전) : 오랜 세월에 걸쳐 많은 사람들에게 높이 평가되고 애호된 저술이나 작품.

丨 冂 日 由 曲 曲 典 典

法典

亦聚群英 (역취군영)

또한 여러 영웅들을 불러모았다.

亦
또 역

• 亦是(역시) : ① 또한. ② 아무리 생각해도. ③ 예상한 바대로.

丶 亠 广 亣 亦 亦

亦 亦 亦

聚
모을 취

• 聚合(취합) : 모여서 하나로 합치는 것.

一 丁 丁 耳 耳 耶 取 取 取 聚 聚 聚 聚 聚

聚 聚 聚

群
무리 군

• 群衆(군중) : 한 곳에 무리를 지어 모인 많은 사람.
• 拔群(발군) : 여럿 가운데 두드러지게 뛰어난 것.

フ ゴ ヨ 尹 尹 君 君 君 君 群 群 群 群

群 群 群

英
꽃부리 영

• 英雄(영웅) : 지혜와 재능이 뛰어나고 무용·담력에도 빼어난 사람.
• 英特(영특) : 영민하고 뛰어남.

一 ナ サ サ 芢 苎 苎 英 英

英 英 英

杜藁鍾隷(두고종례)

명필인 두백도의 초서와 종요의 예서도 비치해 두었고,

杜
막을 **두**

• 杜絶(두절) : 교통·통신·연락 등이 끊어지거나 막혀서 다닐수 없게 되거나 통하지 않게 되는 것.

一 十 才 木 木 杜 杜

杜 杜 杜

藁
짚 **고**

• 藁工品(고공품) : 돗자리·가마니 따위와 같이, 짚·풀줄기 등으로 만든 수공품.

一 十 卄 卄 芦 芦 芦 芦 芦 苫 莴 莴 莴 藁 藁 菖 藁 藁

藁 藁 藁

鍾
쇠북 **종**

• 鍾閣(종각) : 큰 종을 달아 두는 누각.
• 打鍾(타종) : 종을 치는 일.

ノ 广 广 午 牟 牟 金 金 釒 釕 鈩 鈩 鉅 鉅 鍾 鍾

鍾 鍾 鍾

隷
글씨 **례**

• 隷書(예서) : 한자 서예에서, 복잡한 획의 전서를 보다 쉽게 생략하여 만든 글씨.

一 十 土 圭 圭 圭 圭 圭 隶 隶 隸 隸 隸 隷

隷 隷 隷

漆書壁經 (칠서벽경)

칠서와 공자의 옛집에서 나온 경서도 비치해 두었다.

漆		• 漆器(칠기) : 옻칠을 하여 아름답게 만든 기물.
옻칠 칠		` ` `丶` `氵` `汁` `汁` `沐` `汰` `渁` `漆` `漆` `漆` `漆` `漆`
		漆 漆 漆

書		• 書面(서면) : 글씨를 쓴 지면. • 書體(서체) : 글씨의 모양. 글씨의 체재.
글 서		`フ` `マ` `ヨ` `⺻` `聿` `聿` `書` `書` `書` `書`
		書 書 書

壁		• 壁報(벽보) : 어떠한 내용을 널리 알리기 위해 벽에 붙이는 게시물.
벽 벽		`フ` `フ` `⺋` `P` `居` `启` `辟` `辟` `辟` `壁` `壁` `壁` `壁` `壁`
		壁 壁 壁

經		• 經書(경서) : 사서·오경 등 유교의 가르침을 쓴 서적. • 佛經(불경) : 불교의 경전.
경서 경		`乚` `幺` `幺` `糸` `糸` `糸` `紅` `經` `經` `經` `經` `經`
		經 經 經

府羅 將 相 (부라장상)

관청에는 장수와 정승이 늘어서 있고,

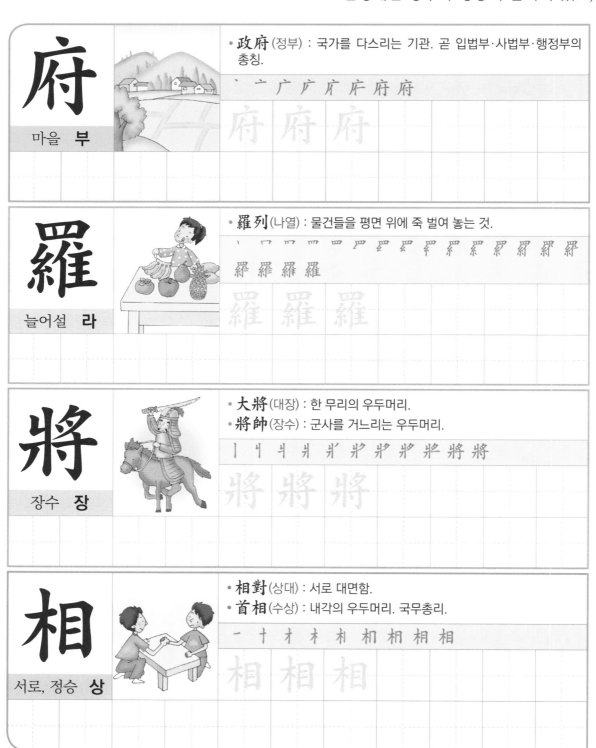

府
마을 **부**

• 政府 (정부) : 국가를 다스리는 기관. 곧 입법부·사법부·행정부의 총칭.

丶 亠 广 广 庁 店 府 府

府 府 府

羅
늘어설 **라**

• 羅列 (나열) : 물건들을 평면 위에 죽 벌여 놓는 것.

丶 冂 冂 罒 罒 罒 罗 罗 罗 罗 羅 羅 羅 羅 羅
羅 羅 羅 羅

羅 羅 羅

將
장수 **장**

• 大將 (대장) : 한 무리의 우두머리.
• 將帥 (장수) : 군사를 거느리는 우두머리.

丨 丬 丬 丬 爿 爿 护 护 将 將 將

將 將 將

相
서로, 정승 **상**

• 相對 (상대) : 서로 대면함.
• 首相 (수상) : 내각의 우두머리. 국무총리.

一 十 才 木 村 相 相 相 相

相 相 相

路夾槐卿(노협괴경)

큰길을 끼고는 대신들의 집이 늘어서 있다.

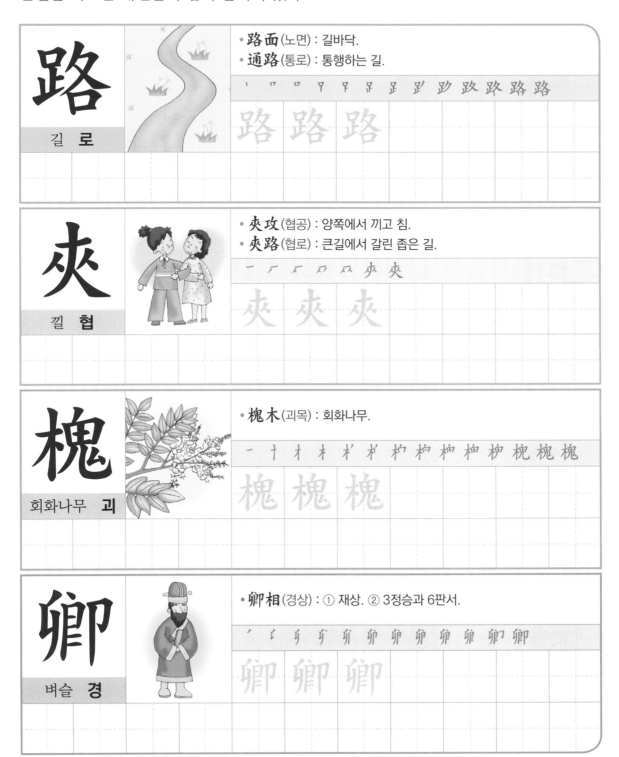

路
길 로

- **路面**(노면) : 길바닥.
- **通路**(통로) : 통행하는 길.

丶 ⼞ ⼞ ⾜ ⾜ ⾜ ⾜ ⾜ ⾜ 政 政 路 路 路

路 路 路

夾
낄 협

- **夾攻**(협공) : 양쪽에서 끼고 침.
- **夾路**(협로) : 큰길에서 갈린 좁은 길.

一 一 ⼀ ⼇ ⼇ ⾼ 夾 夾

夾 夾 夾

槐
회화나무 괴

- **槐木**(괴목) : 회화나무.

一 十 才 木 木 木 柯 柯 柏 柏 柳 槐 槐 槐

槐 槐 槐

卿
벼슬 경

- **卿相**(경상) : ① 재상. ② 3정승과 6판서.

⼁ ⼁ ⼁ ⼁ ⼁ 卯 卯 卯 卯 卯 卿 卿

卿 卿 卿

戶封八縣 (호봉팔현)

공신들에게는 8현에서 나는 조세로 생활하게 하였으며,

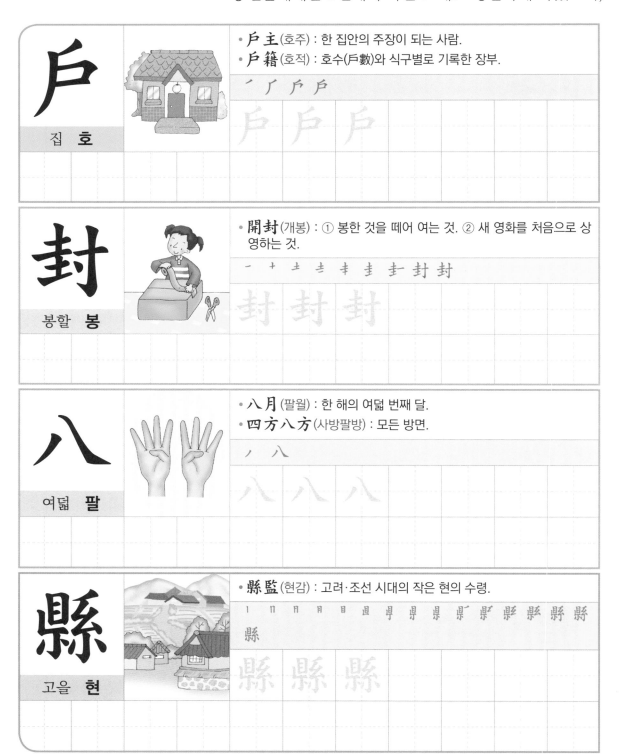

戶
집 **호**

- **戶主**(호주) : 한 집안의 주장이 되는 사람.
- **戶籍**(호적) : 호수(戶數)와 식구별로 기록한 장부.

丶 一 戶 戶

戶 戶 戶

封
봉할 **봉**

- **開封**(개봉) : ① 봉한 것을 떼어 여는 것. ② 새 영화를 처음으로 상영하는 것.

一 十 土 土 圭 圭 圭 封 封

封 封 封

八
여덟 **팔**

- **八月**(팔월) : 한 해의 여덟 번째 달.
- **四方八方**(사방팔방) : 모든 방면.

丿 八

八 八 八

縣
고을 **현**

- **縣監**(현감) : 고려·조선 시대의 작은 현의 수령.

丨 冂 冃 冃 目 且 且 県 県 県 県 県 縣 縣
縣

縣 縣 縣

家給千兵 (가급천병)

천 명의 병사를 주어 지키게 하였다.

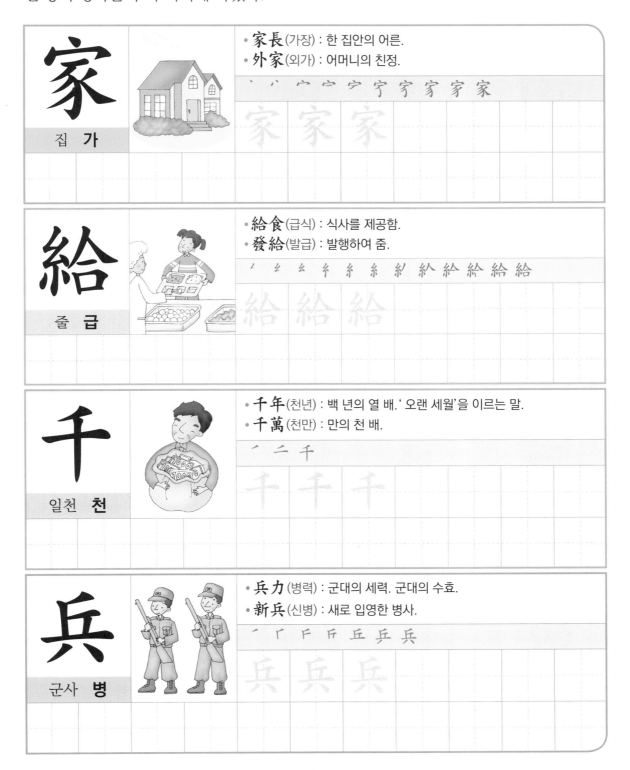

家
집 가
- **家長**(가장) : 한 집안의 어른.
- **外家**(외가) : 어머니의 친정.

丶 丶 宀 宀 宀 宁 宁 宗 家 家

家 家 家

給
줄 급
- **給食**(급식) : 식사를 제공함.
- **發給**(발급) : 발행하여 줌.

ㄴ ㄴ ㄠ ㄠ ㄠ 幺 糸 糸 糸 給 給 給

給 給 給

千
일천 천
- **千年**(천년) : 백 년의 열 배. '오랜 세월'을 이르는 말.
- **千萬**(천만) : 만의 천 배.

丿 二 千

千 千 千

兵
군사 병
- **兵力**(병력) : 군대의 세력. 군대의 수효.
- **新兵**(신병) : 새로 입영한 병사.

丿 ㅏ ㅏ F 斤 丘 兵 兵

兵 兵 兵

高冠陪輦 (고관배련)

높은 관을 쓴 대신들이 임금의 수레를 따르며 모시었고,

| 高
높을 고 |  | • 高手(고수) : 바둑·장기 등에서 수가 높은 사람.
• 高度(고도) : 높은 정도.
`丶 一 亠 产 亨 肓 高 高 高 高`
高 高 高 |

| 冠
갓 관 |  | • 王冠(왕관) : 왕이 권위의 상징으로 머리에 쓰는, 금과 보석으로 둥글게 만든 관.
`丶 一 一 冖 写 写 宄 完 冠 冠`
冠 冠 冠 |

| 陪
더할 배 |  | • 陪席(배석) : 어떤 자리에 윗사람이나 상관을 받들거나 모셔 함께 참석하는 것.
`フ ョ ß ß' ßˊ 陀 阡 陪 陪 陪 陪`
陪 陪 陪 |

| 輦
손수레 련 |  | • 玉輦(옥련) : '연'을 높이어 이르는 말.
`一 二 ‡ 夫 夫 扶 扶 扶 扶 扶 替 替 替 輦 輦`
輦 輦 輦 |

驅轂振纓 (구곡진영)

수레를 몰 때마다 관의 끈이 흔들려 위엄을 더해 주었다.

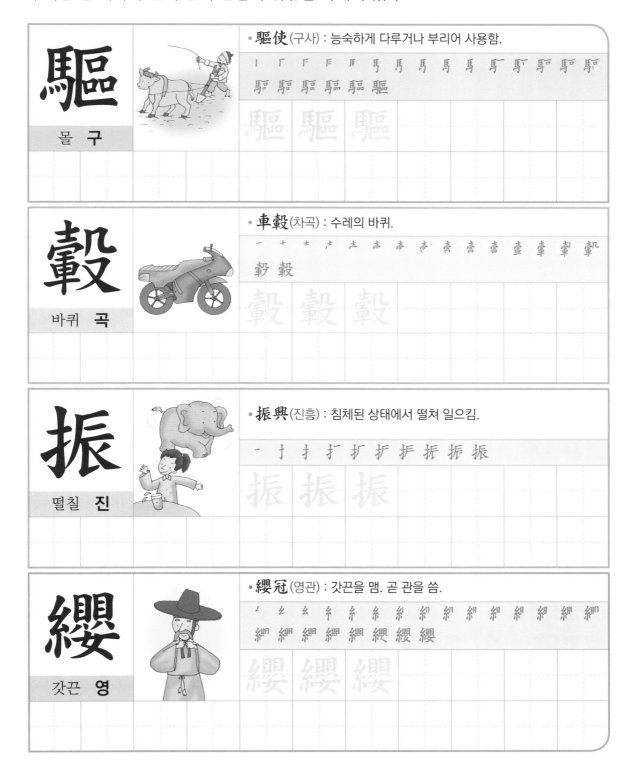

驅 몰 구		• 驅使 (구사) : 능숙하게 다루거나 부리어 사용함.
轂 바퀴 곡		• 車轂 (차곡) : 수레의 바퀴.
振 떨칠 진		• 振興 (진흥) : 침체된 상태에서 떨쳐 일으킴.
纓 갓끈 영		• 纓冠 (영관) : 갓끈을 맴. 곧 관을 씀.

驅 : ㇑ ㄱ ㄫ ㄫ ㄫ 馬 馬 馬 馬 馬 馬 馬 馬 馬 驅 驅 驅 驅 驅 驅 驅

轂 : 一 十 土 ㄴ 吉 吉 吉 吉 吉 吉 責 責 責 轂 轂 轂

振 : 一 十 才 扌 扩 扩 护 护 振 振

纓 : 𡿨 𢆶 幺 幺 糹 糸 糸 糸 紅 紅 細 細 細 縺 縺 縺 縺 縲 纓 纓 纓

世祿侈富 (세록치부)

공신에게 대대로 내리는 녹은 사치스럽고도 풍부했으며,

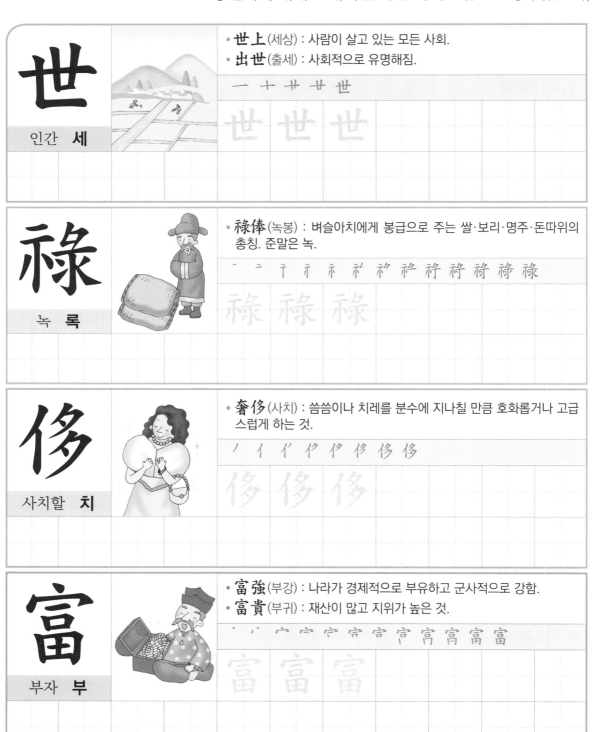

世 인간 세	• 世上(세상) : 사람이 살고 있는 모든 사회. • 出世(출세) : 사회적으로 유명해짐. 一 十 卄 卅 世 世 世 世

祿 녹 록	• 祿俸(녹봉) : 벼슬아치에게 봉급으로 주는 쌀·보리·명주·돈따위의 총칭. 준말은 녹. 一 二 千 千 禾 禾 衤 衤 衤 衤 衤 衤 祿 祿 祿 祿 祿

侈 사치할 치	• 奢侈(사치) : 씀씀이나 치레를 분수에 지나칠 만큼 호화롭거나 고급 스럽게 하는 것. 丿 亻 亻 侈 侈 侈 侈 侈 侈 侈 侈

富 부자 부	• 富強(부강) : 나라가 경제적으로 부유하고 군사적으로 강함. • 富貴(부귀) : 재산이 많고 지위가 높은 것. 丶 丶 宀 宀 宀 宀 富 富 富 富 富 富 富 富 富

車駕肥輕 (거가비경)

공신들의 말은 살찌고 수레는 가벼웠다.

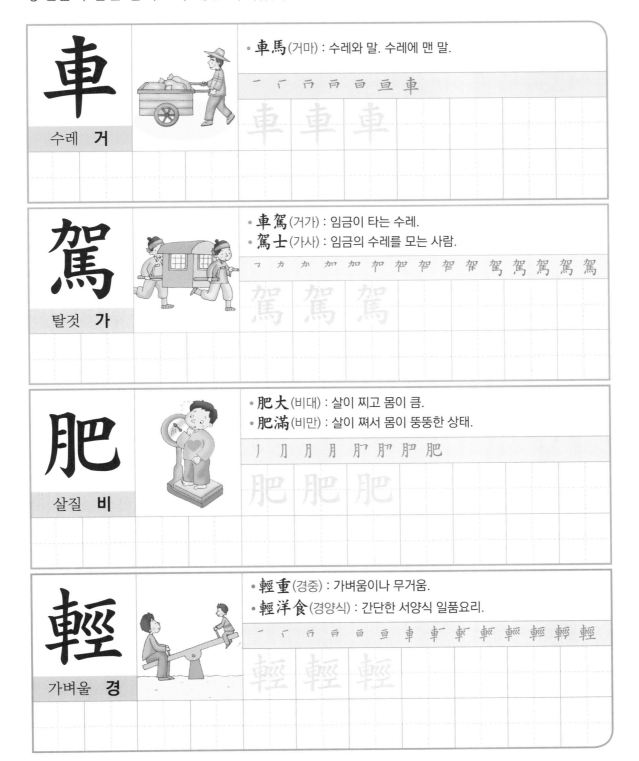

車
수레 **거**

- **車馬**(거마) : 수레와 말. 수레에 맨 말.

一 厂 厂 厅 百 亘 車

車 車 車

駕
탈것 **가**

- **車駕**(거가) : 임금이 타는 수레.
- **駕士**(가사) : 임금의 수레를 모는 사람.

フ カ カ 加 加 加 智 智 智 智 駕 駕 駕 駕 駕

駕 駕 駕

肥
살질 **비**

- **肥大**(비대) : 살이 찌고 몸이 큼.
- **肥滿**(비만) : 살이 쪄서 몸이 뚱뚱한 상태.

丿 刀 月 月 肝 肥 肥 肥

肥 肥 肥

輕
가벼울 **경**

- **輕重**(경중) : 가벼움이나 무거움.
- **輕洋食**(경양식) : 간단한 서양식 일품요리.

一 厂 厂 厅 百 亘 車 車 車 輕 輕 輕 輕 輕

輕 輕 輕

策功茂實 (책공무실)

공적이 무성하고 충실하니,

策

꾀 책

- **對策**(대책) : 중요하거나 문제가 되는 일에 대해 잘 처리하거나 올바로 해결할 방도나 방책.

ノ ト ヒ ゲ ゲ 竺 竺 竺 笁 第 第 策

策 策 策

功

공 공

- **功德**(공덕) : 착한 일을 하여 쌓은 업적과 덕.
- **成功**(성공) : 목적하는 바를 이룸.

一 丁 工 功 功

功 功 功

茂

무성할 무

- **茂盛**(무성) : 초목이 우거져 성함.

一 十 サ サ 芹 芦 芽 茂 茂

茂 茂 茂

實

열매 실

- **實果**(실과) : 먹을 수 있는 초목의 열매. 과실.
- **結實**(결실) : 열매가 맺히는 것.

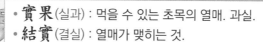

、 宀 宀 宀 宇 宙 宙 審 审 宵 宵 實 實 實

實 實 實

勒碑刻銘 (늑비각명)

공신들의 공적을 비석에 새기고 글을 지어 돌에 새겼다.

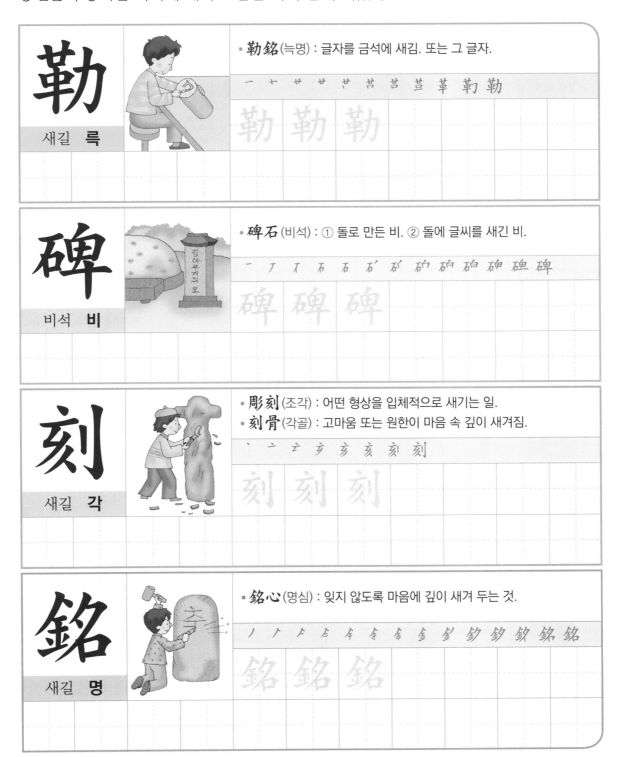

勒 새길 **륵**		• **勒銘**(늑명) : 글자를 금석에 새김. 또는 그 글자. 一 十 艹 廿 艼 苩 苩 莒 革 革 勒 勒 勒 勒 勒

碑 비석 **비**		• **碑石**(비석) : ① 돌로 만든 비. ② 돌에 글씨를 새긴 비. 一 丆 石 石 石 石' 矿 矿 矿 碑 碑 碑 碑 碑 碑

刻 새길 **각**		• **彫刻**(조각) : 어떤 형상을 입체적으로 새기는 일. • **刻骨**(각골) : 고마움 또는 원한이 마음 속 깊이 새겨짐. 、 亠 亠 亥 亥 亥 刻 刻 刻 刻 刻

銘 새길 **명**		• **銘心**(명심) : 잊지 않도록 마음에 깊이 새겨 두는 것. 丿 𠂉 𠂉 𠂤 𠂤 牟 金 金 金 釒 釤 釤 銘 銘 銘 銘 銘

磻溪伊尹 (반계이윤)

문왕은 반계에서 강태공을 맞았고, 탕왕은 신야에서 이윤을 맞았으며,

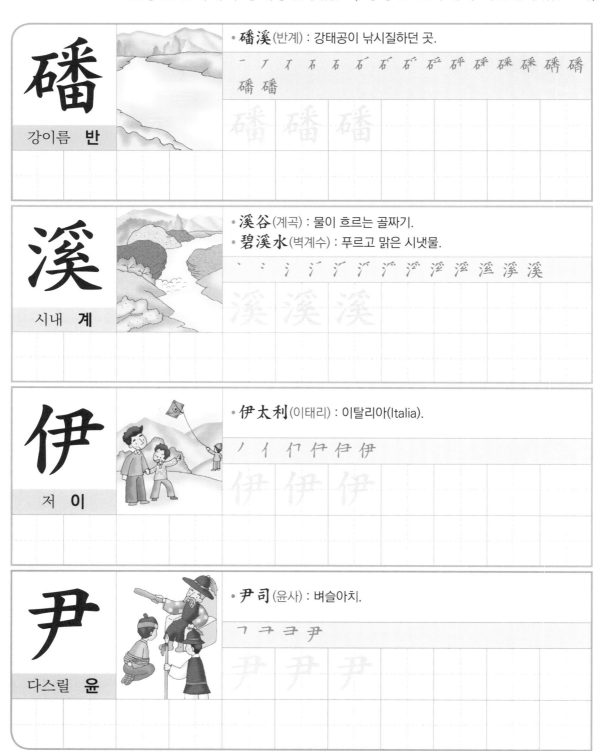

磻
강이름 **반**

• **磻溪**(반계) : 강태공이 낚시질하던 곳.

一 ｒ 石 石 石 石' 石 石' 石 砰 砰 碤 碤 磻 磻
磻 磻

磻 磻 磻

溪
시내 **계**

• **溪谷**(계곡) : 물이 흐르는 골짜기.
• **碧溪水**(벽계수) : 푸르고 맑은 시냇물.

丶 丶 氵 氵 氵 氵 氵 氵 溪 溪 溪 溪 溪
溪 溪 溪

伊
저 **이**

• **伊太利**(이태리) : 이탈리아(Italia).

丿 亻 亻 伊 伊 伊
伊 伊 伊

尹
다스릴 **윤**

• **尹司**(윤사) : 벼슬아치.

フ ヲ ヨ 尹
尹 尹 尹

佐時阿衡 (좌시아형)

아형이 때를 맞춰 임금을 도우니 아형은 상나라 재상 이윤의 칭호이다.

佐
도울 **좌**

• 補佐(보좌) : 상관을 도와 일을 처리하는 것.

ノ 亻 亻 仁 仕 佐 佐 佐

佐 佐 佐

時
때 **시**

• 時間(시간) : 어떤 시각에서 다른 시각까지의 동안.
• 時空(시공) : 시간과 공간을 아울러 이르는 말.

丨 冂 冃 日 日 日 日 肚 旪 時 時

時 時 時

阿
언덕 **아**

• 阿丘(아구) : 한쪽이 높은 언덕.

ヮ 了 阝 阝 阿 阿 阿 阿 阿

阿 阿 阿

衡
저울대 **형**

• 平衡(평형) : 사물이 한쪽으로 기울지 않고 안정하는 것.

ノ ノ ケ 彳 彳 衜 衜 衜 衜 衜 衡 衡 衡 衡
衡

衡 衡 衡

141

奄宅曲阜 (엄택곡부)

주공의 공로에 보답하는 마음으로 곡부에 큰 저택을 지어 주었으니,

※ 곡부(曲阜)는 중국 산동성 중부에 있는 도시이며, 단(旦)은 주공의 이름이다.

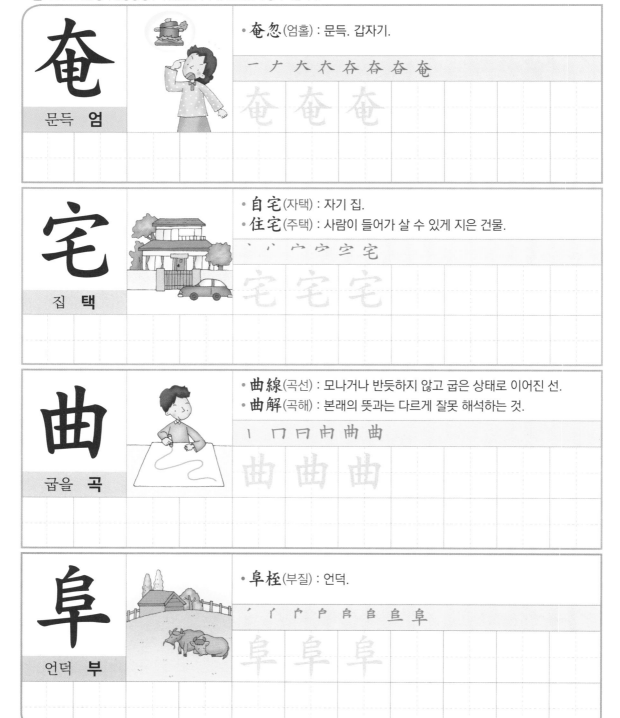

奄
문득 **엄**

• **奄忽**(엄홀) : 문득. 갑자기.

一 ナ 大 木 夻 夻 奄 奄

奄 奄 奄

宅
집 **택**

• **自宅**(자택) : 자기 집.
• **住宅**(주택) : 사람이 들어가 살 수 있게 지은 건물.

丶 宀 宀 宇 宅 宅

宅 宅 宅

曲
굽을 **곡**

• **曲線**(곡선) : 모나거나 반듯하지 않고 굽은 상태로 이어진 선.
• **曲解**(곡해) : 본래의 뜻과는 다르게 잘못 해석하는 것.

丨 冂 日 由 曲 曲

曲 曲 曲

阜
언덕 **부**

• **阜桎**(부질) : 언덕.

丿 丨 冂 阝 阝 白 自 阜 阜

阜 阜 阜

微旦孰營 (미단숙영)

주공이 아니고는 누가 이를 경영할 수 있었겠는가.

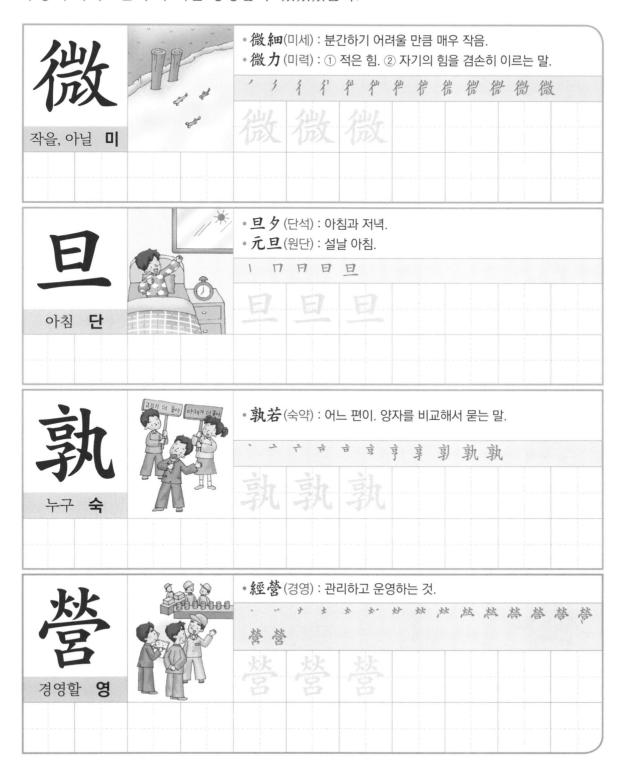

微 작을, 아닐 **미**

- **微細**(미세) : 분간하기 어려울 만큼 매우 작음.
- **微力**(미력) : ① 적은 힘. ② 자기의 힘을 겸손히 이르는 말.

丶 彡 彳 彳 彳 犲 犲 徍 微 微 微 微 微

旦 아침 **단**

- **旦夕**(단석) : 아침과 저녁.
- **元旦**(원단) : 설날 아침.

丨 冂 日 日 旦

孰 누구 **숙**

- **孰若**(숙약) : 어느 편이. 양자를 비교해서 묻는 말.

丶 二 宁 亯 亯 亯 享 享 郭 孰 孰

營 경영할 **영**

- **經營**(경영) : 관리하고 운영하는 것.

丶 丷 丬 丬 丬 丬 丬 丬 炏 炏 炏 炏 炏 螢 螢 螢 螢

143

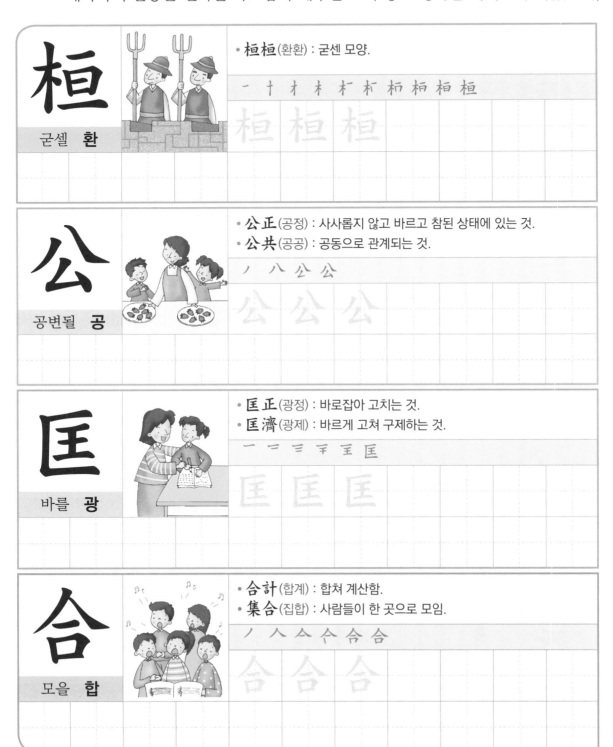

桓公匡合 (환공광합)

제나라의 환공은 천하를 바로잡아 제후를 모아 놓고 맹약을 지키도록 하였으며,

桓
굳셀 **환**

- 桓桓(환환) : 굳셈 모양.

一 十 才 木 朾 朾 桓 桓 桓 桓

公
공변될 **공**

- 公正(공정) : 사사롭지 않고 바르고 참된 상태에 있는 것.
- 公共(공공) : 공동으로 관계되는 것.

丿 八 公 公

匡
바를 **광**

- 匡正(광정) : 바로잡아 고치는 것.
- 匡濟(광제) : 바르게 고쳐 구제하는 것.

一 一 匚 冃 尹 王 匡

合
모을 **합**

- 合計(합계) : 합쳐 계산함.
- 集合(집합) : 사람들이 한 곳으로 모임.

丿 人 스 수 合 合

濟弱扶傾 (제약부경)

약한 나라를 구제하고 기울어 가는 나라를 도와 일으켰다.

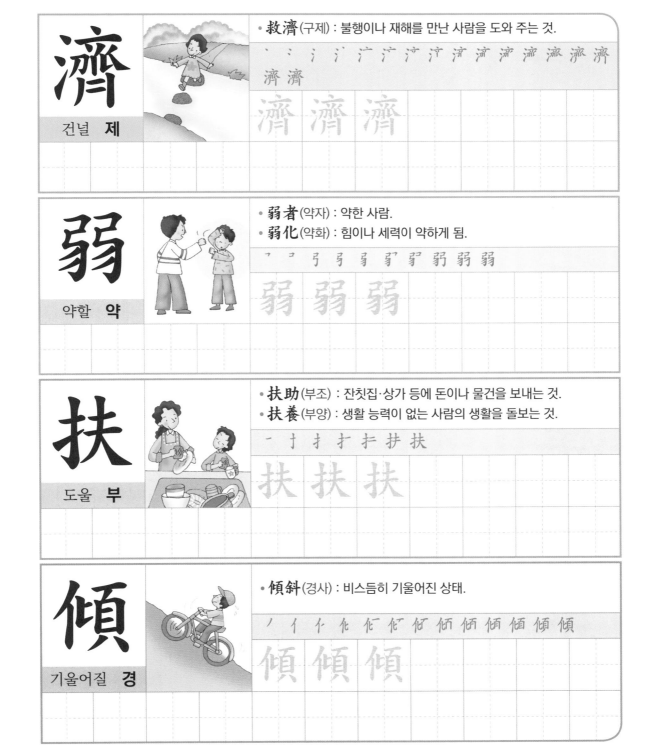

濟
건널 **제**

• 救濟(구제) : 불행이나 재해를 만난 사람을 도와 주는 것.

丶 氵 氵 氵 汸 汸 汸 洒 洒 洒 洒 濟 濟
濟 濟

弱
약할 **약**

• 弱者(약자) : 약한 사람.
• 弱化(약화) : 힘이나 세력이 약하게 됨.

フ コ 弓 弓 弓 弖 弱 弱 弱

扶
도울 **부**

• 扶助(부조) : 잔칫집·상가 등에 돈이나 물건을 보내는 것.
• 扶養(부양) : 생활 능력이 없는 사람의 생활을 돌보는 것.

一 十 才 才 扌 抃 扶

傾
기울어질 **경**

• 傾斜(경사) : 비스듬히 기울어진 상태.

丿 亻 亻 化 化 化 化 傾 傾 傾 傾 傾

綺回漢惠 (기회한혜)

기리계는 한나라 혜제의 태자 자리를 회복시켰고,

綺
비단 **기**

- **綺羅星**(기라성) : 밤하늘에 반짝이는 수많은 별이라는 뜻으로, 훌륭한 사람들이 죽 늘어선 것을 비유하는 말.

⺪ ⺪ ⺀ ⺀ ⺀ 糸 糽 紒 紒 綺 綺 綺 綺 綺

綺 綺 綺

回
돌아올 **회**

- **回覽**(회람) : 어떤 문서나 글을 여럿이 차례로 돌려보는 것.
- **回診**(회진) : 의사가 환자의 병실을 돌아다니며 진찰하는 것.

丨 冂 冂 回 回 回

回 回 回

漢
한수 **한**

- **漢字**(한자) : 중국의 글자.
- **漢江**(한강) : 우리 나라 중부를 흐르는 강.

丶 丶 氵 氵 汁 汗 澊 澊 澊 溝 漢 漢 漢 漢

漢 漢 漢

惠
은혜 **혜**

- **恩惠**(은혜) : 사람이나 신이 어떤 사람에게 베푸는 도움이나 고마운 일.

一 丆 亡 宀 吅 吅 吅 甫 甫 甫 惠 惠 惠

惠 惠 惠

說感武丁 (열감무정)

부열은 무정의 꿈에 나타나 그를 감동시켰다.

說
말씀 설, 기뻐할 **열**

- **說明**(설명) : 풀이하여 밝힘.
- **說法**(설법) : 불교의 이치를 풀어 밝힘.

丶 亠 二 言 言 言 言 訡 訡 訡 訡 訡 說

說 說 說

感
느낄 **감**

- **感動**(감동) : 깊이 느끼어 마음이 움직임.
- **所感**(소감) : 마음에 느낀 바.

丿 厂 厂 厂 咸 咸 咸 咸 咸 感 感 感

感 感 感

武
호반 **무**

- **武器**(무기) : ① 전투에 쓰이는 기구의 총칭. ② 어떤 일을 이루기 위해 방패로 삼는 수단.

一 二 于 于 武 武 武

武 武 武

丁
장정 **정**

- **壯丁**(장정) : 나이가 젊고 기운이 좋은 남자.
- **兵丁**(병정) : 병역에 복무하는 장정.

一 丁

丁 丁 丁

俊乂密勿 (준예밀물)

뛰어난 사람과 어진 사람이 조정에 가득하니,

俊
준걸 **준**

- **俊才**(준재) : 아주 뛰어난 재주. 또는 그런 사람.
- **俊秀**(준수) : 재주와 슬기 또는 풍채가 빼어남.

丿 亻 亻 仫 伀 俟 俊 俊

俊 俊 俊

乂
어질 **예**

- **乂案**(예안) : 잘 다스려져 편안함.

丿 乂

乂 乂 乂

密
빽빽할 **밀**

- **密林**(밀림) : 나무가 빽빽하게 들어선 숲.
- **密集**(밀집) : 빽빽하게 모이는 것.

丶 丷 宀 宓 宓 宓 宓 宓 宓 密 密

密 密 密

勿
말 **물**

- **勿論**(물론) : 말할 것도 없이.

丿 勹 勹 勿

勿 勿 勿

多士寔寧 (다사식녕)

많은 인재들이 있어 나라가 태평하였다.

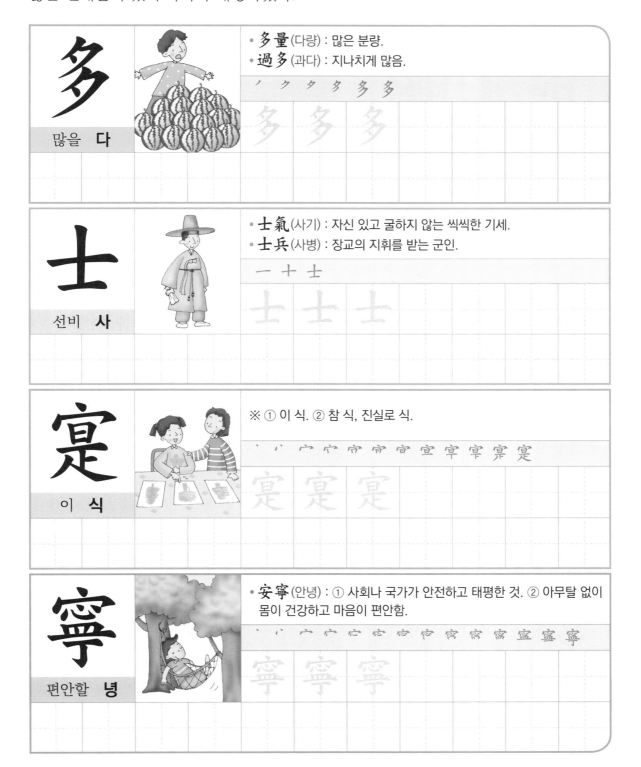

多

많을 **다**

- **多量**(다량) : 많은 분량.
- **過多**(과다) : 지나치게 많음.

ノ ク タ タ 多 多

多　多　多

士

선비 **사**

- **士氣**(사기) : 자신 있고 굴하지 않는 씩씩한 기세.
- **士兵**(사병) : 장교의 지휘를 받는 군인.

一 十 士

士　士　士

寔

이 **식**

※ ① 이 식. ② 참 식, 진실로 식.

丶 丶 宀 宀 宀 宇 宙 宣 宣 寔 寔 寔

寔　寔　寔

寧

편안할 **녕**

- **安寧**(안녕) : ① 사회나 국가가 안전하고 태평한 것. ② 아무탈 없이 몸이 건강하고 마음이 편안함.

丶 丶 宀 宀 宀 宓 宓 宓 寍 寍 寍 寍 寧

寧　寧　寧

晋楚更覇 (진초갱패)

진나라와 초나라가 다시 으뜸이 되니 진문공과 초장왕이 패왕이 되었고,

※ 횡(橫)은 6국이 서로 손을 잡고 진나라에 대항하라는 장의의 연횡설을 말한다.

晋
진나라 **진**

• 晋體(진체) : 중국 진대(晉代)의 명필 왕희지의 글씨체.

一 丁 亓 亓 亓 亚 平 否 晋 晋

晋 晋 晋

楚
초나라 **초**

• 楚漢(초한) : 진말(秦末)에 항우와 유방이 서로 나누어 차지했던 초나라와 한나라.

一 十 才 木 朩 村 材 林 梺 梺 梺 楚 楚

楚 楚 楚

更
다시 **갱**, 고칠 **경**

• 更新(갱신) : 다시 새로워지거나 새롭게 하는 것.
• 變更(변경) : 그 내용을 다르게 바꾸어서 고치는 것.

一 г 百 百 百 更 更

更 更 更

覇
으뜸 **패**

• 覇權(패권) : 어떤 분야에서 으뜸의 자리를 차지한 권력.

一 г 百 百 两 西 西 覀 覀 覀 覀 覀 覀 覇 覇
覇 覇 覇 覇

覇 覇 覇

趙魏困橫 (조위곤횡)

조나라와 위나라는 연횡책을 따른 까닭에 많은 곤란을 겪었다.

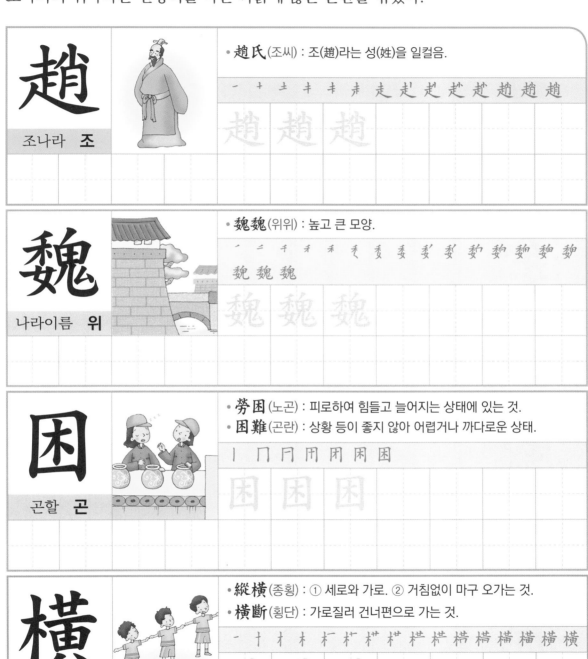

趙
조나라 **조**

• 趙氏 (조씨) : 조(趙)라는 성(姓)을 일컬음.

一 十 土 丰 キ 走 走 赴 赴 赴 趙 趙 趙

趙 趙 趙

魏
나라이름 **위**

• 魏魏 (위위) : 높고 큰 모양.

一 二 千 禾 禾 禾 委 委 委 魏 魏 魏 魏 魏

魏 魏 魏

魏 魏 魏

困
곤할 **곤**

• 勞困 (노곤) : 피로하여 힘들고 늘어지는 상태에 있는 것.
• 困難 (곤란) : 상황 등이 좋지 않아 어렵거나 까다로운 상태.

丨 冂 日 用 困 困 困

困 困 困

橫
가로 **횡**

• 縱橫 (종횡) : ① 세로와 가로. ② 거침없이 마구 오가는 것.
• 橫斷 (횡단) : 가로질러 건너편으로 가는 것.

一 十 才 木 木 杧 杧 杧 栏 栏 楕 橫 橫 橫 橫

橫 橫 橫

假途滅虢(가도멸괵)

진나라의 헌공이 우나라의 길을 빌려 괵나라를 멸망시켰고,

거짓, 빌릴 **가**

- **假裝**(가장) : 겉으로 거짓 태도를 취하는 것.
- **假借**(가차) : 임시로 빌리는 것.

丿 亻 亻 亻 亻 假 假 假 假 假 假

假 假 假

길 **도**

- **途中**(도중) : 어떤 행동이나 일이 끝나지 않고 계속되거나 진행되고 있는 동안.

丿 入 ム 今 今 余 余 涂 涂 途 途

途 途 途

멸할 **멸**

- **滅亡**(멸망) : 국가나 민족·종족 등이 망하여 없어지는 것.
- **消滅**(소멸) : 사라져 없어지는 것.

丶 丶 氵 氵 沪 沪 汴 沪 滅 滅 滅 滅 滅

滅 滅 滅

나라이름 **괵**

※ 중국 주대(周代)의 나라 이름.

丿 亽 广 广 此 ㄢ ㄢ ㄢ' 彔 彔 虢 虢 虢

虢 虢 虢

踐土會盟 (천토회맹)

진나라의 문공은 제후를 천토에서 모아 서로 맹세하게 하였다.

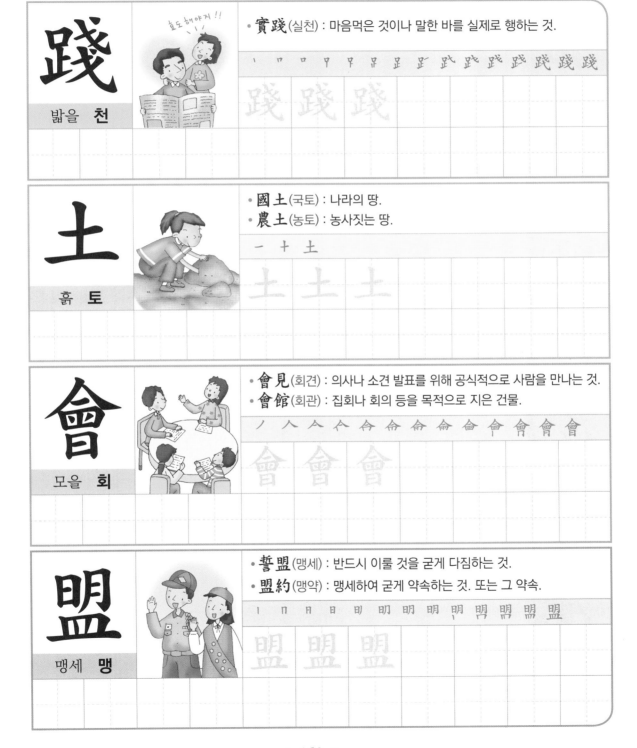

踐
밟을 천

• **實踐**(실천) : 마음먹은 것이나 말한 바를 실제로 행하는 것.

丿 冂 口 尸 尸 尸 足 足 趵 践 践 践 踐 踐 踐

踐 踐 踐

土
흙 토

• **國土**(국토) : 나라의 땅.
• **農土**(농토) : 농사짓는 땅.

一 十 土

土 土 土

會
모을 회

• **會見**(회견) : 의사나 소견 발표를 위해 공식적으로 사람을 만나는 것.
• **會館**(회관) : 집회나 회의 등을 목적으로 지은 건물.

丿 人 人 人 今 命 命 命 命 命 會 會 會 會

會 會 會

盟
맹세 맹

• **誓盟**(맹세) : 반드시 이룰 것을 굳게 다짐하는 것.
• **盟約**(맹약) : 맹세하여 굳게 약속하는 것. 또는 그 약속.

丨 冂 日 日 贴 明 明 明 明 明 盟 盟 盟 盟

盟 盟 盟

何遵約法(하준약법)

소하는 한나라 고조와 더불어 세 가지의 간소한 법을 정하여 준행하였고,

何

어찌 **하**

• 何必(하필) : 달리 하거나 달리 되지 않고 어찌하여 꼭. 하필이면.

ノ イ 仁 仃 付 何 何

遵

좇을 **준**

• 遵行(준행) : 관례·명령 등을 좇아서 행하는 것.
• 遵守(준수) : 법·규칙 등을 그대로 좇아서 지키는 것.

丷 八 丷 ㄠ ㄠ 첟 첳 첳 첳 酋 酋 尊 尊 尊 遵 遵 遵

約

약속할 **약**

• 規約(규약) : 협의에 의해 정한 규칙.
• 約定(약정) : 일을 약속하여 정함.

ㄠ 幺 幺 糸 糸 糸 約 約 約

法

법 **법**

• 法度(법도) : 본보기가 될 만한 제도.
• 方法(방법) : 어떤 일을 해내기 위한 수단이나 방식.

丶 丶 氵 氵 沪 汁 法 法 法

韓弊煩刑 (한폐번형)

한비는 번거롭고 가혹한 형벌을 시행하여 많은 폐해를 가져왔다.

韓

나라이름 **한**

- **韓食** (한식) : 우리 나라 음식이나 식사.
- **韓紙** (한지) : 닥나무 따위의 섬유를 사용하여 만든 종이.

一 十 𠃊 吉 吉 吉 吉 直 卓 卓 � 斡 斡 斡 斡 韓 韓 韓

韓 韓 韓

弊

폐단 **폐**

- **弊端** (폐단) : 어떤 일이나 행동에서 나타나는 옳지 못한 경향이나 해로운 요소.

丷 丬 小 俨 内 内 内 爾 爾 爾 敝 敝 弊 弊

弊 弊 弊

煩

번거로울 **번**

- **煩雜** (번잡) : 번거롭게 뒤섞여 어수선한 것.
- **煩惱** (번뇌) : 마음이 시달려서 괴로운 것.

丶 丶 丬 火 灯 灯 灯 炬 煩 煩 煩 煩

煩 煩 煩

刑

형벌 **형**

- **刑罰** (형벌) : 범죄에 대한 법률상의 효과로서 국가 등이 범죄자에게 제재를 가하는 것. 또는 그 제재.

一 二 千 开 刑 刑

刑 刑 刑

起 翦 頗 牧 (기전파목)

진나라의 백기·왕전과 조나라의 염파·이목은 뛰어난 장수였는데,

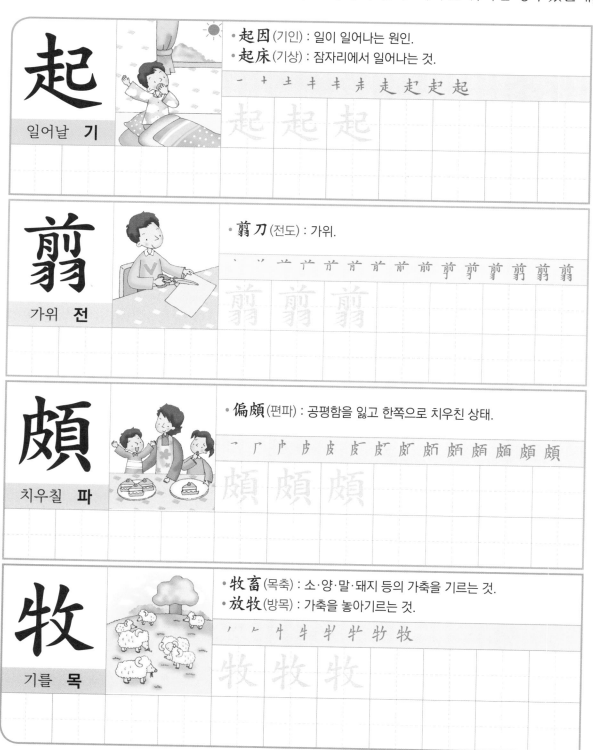

起
일어날 기

- 起因 (기인) : 일이 일어나는 원인.
- 起床 (기상) : 잠자리에서 일어나는 것.

一 + 土 キ キ 走 走 起 起 起

翦
가위 전

- 翦刀 (전도) : 가위.

丷 丷 丷 产 产 前 前 前 前 翦 翦 翦 翦 翦

頗
치우칠 파

- 偏頗 (편파) : 공평함을 잃고 한쪽으로 치우친 상태.

一 厂 广 皮 皮 皮 皮 皮 頗 頗 頗 頗 頗

牧
기를 목

- 牧畜 (목축) : 소·양·말·돼지 등의 가축을 기르는 것.
- 放牧 (방목) : 가축을 놓아기르는 것.

丿 丬 牜 牜 牜 牜 牧 牧

用軍最精 (용군최정)

이 네 장수는 군사 지휘를 가장 정교하고 능숙하게 하였다.

用 쓸 용		• 用語(용어) : 사용하는 말. • 食用(식용) : 먹을 것으로 쓰는 일. 丿 刀 月 月 用 用 用 用
軍 군사 군		• 國軍(국군) : 나라의 군인. • 海軍(해군) : 바다를 지키는 군인. 冖 冖 冖 冒 冒 冒 冒 宣 軍 軍 軍 軍
最 가장 최		• 最高(최고) : 가장 높음. • 最善(최선) : 가장 착하고도 좋음. 丨 冂 冃 日 旦 旱 咠 最 最 最 最 最 最 最
精 정할 정		• 精密(정밀) : 세밀한 데에까지 빈틈이 없거나 정확한 것. • 精巧(정교) : 정밀하고 교묘함. 丶 丷 半 半 米 米 米 米 精 精 精 精 精 精 精

宣威沙漠 (선위사막)

장수로서 그 위엄이 멀리 사막에까지 퍼졌고,

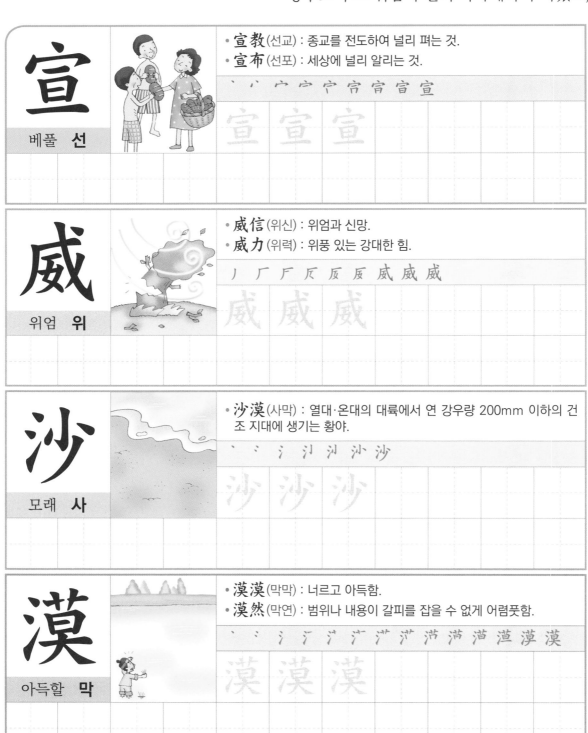

宣
베풀 **선**

- **宣教**(선교) : 종교를 전도하여 널리 펴는 것.
- **宣布**(선포) : 세상에 널리 알리는 것.

`、宀宀宀宀宁官官宣宣`

宣 宣 宣

威
위엄 **위**

- **威信**(위신) : 위엄과 신망.
- **威力**(위력) : 위풍 있는 강대한 힘.

`丿厂厂厂反反反威威威`

威 威 威

沙
모래 **사**

- **沙漠**(사막) : 열대·온대의 대륙에서 연 강우량 200mm 이하의 건조 지대에 생기는 황야.

`、丶氵氵氵汕沙沙`

沙 沙 沙

漠
아득할 **막**

- **漠漠**(막막) : 너르고 아득함.
- **漠然**(막연) : 범위나 내용이 갈피를 잡을 수 없게 어렴풋함.

`、丶氵氵氵浐浐浐渲渲渲漠漠`

漠 漠 漠

馳譽丹靑 (치예단청)

그 명예로운 이름은 후세에까지 전하기 위하여 초상을 기린각에 그렸다.

馳		• 馳突 (치돌) : 힘차게 돌진함.
달릴 치		ㅣ Ｆ Ｆ Ｆ Ｆ 馬 馬 馬 馬 馬 馳 馳 馳
		馳　馳　馳

譽		• 名譽 (명예) : 훌륭하다고 인정되어 얻은 존엄이나 품위.
기릴 예		´ ⴺ ⴺ ⴺ ⴺ ⴺ ⴺ ⴺ ⴺ ⴺ ⴺ ⴺ 與 與 與 與 與 譽 譽 譽 譽
		譽　譽　譽

丹		• 丹漆 (단칠) : 붉은 칠.
		• 丹粧 (단장) : 얼굴·옷차림 따위를 곱게 꾸미는 것.
붉을 단		ノ 刀 月 丹
		丹　丹　丹

靑		• 靑色 (청색) : 푸른색.
		• 靑年 (청년) : 젊은 사람.
푸를 청		一 �三 ㄹ 主 丰 靑 靑 靑
		靑　靑　靑

九州禹跡(구주우적)

중국 천하를 9주로 나눈 것은 하나라 우왕의 공적의 자취이고,

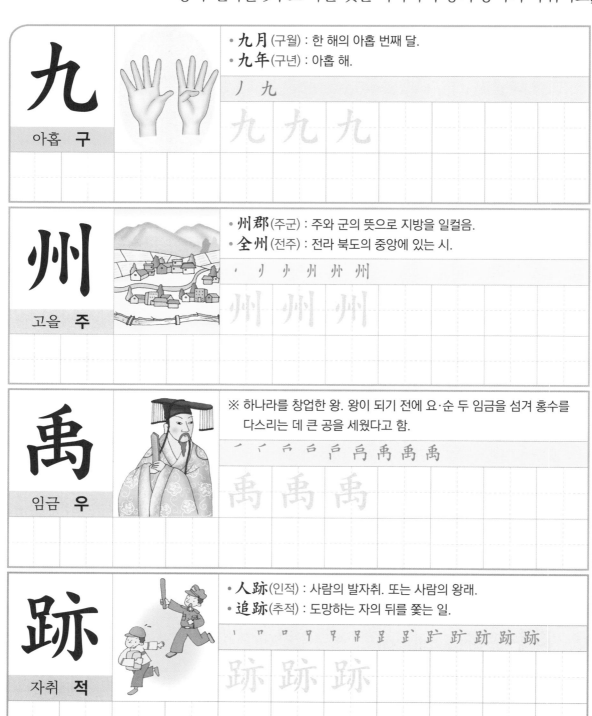

九
아홉 **구**

- **九月**(구월) : 한 해의 아홉 번째 달.
- **九年**(구년) : 아홉 해.

丿 九

九 九 九

州
고을 **주**

- **州郡**(주군) : 주와 군의 뜻으로 지방을 일컬음.
- **全州**(전주) : 전라 북도의 중앙에 있는 시.

丶 丿 少 州 州 州 州

州 州 州

禹
임금 **우**

※ 하나라를 창업한 왕. 왕이 되기 전에 요·순 두 임금을 섬겨 홍수를 다스리는 데 큰 공을 세웠다고 함.

丿 一 丆 戶 户 弓 禹 禹 禹

禹 禹 禹

跡
자취 **적**

- **人跡**(인적) : 사람의 발자취. 또는 사람의 왕래.
- **追跡**(추적) : 도망하는 자의 뒤를 쫓는 일.

丨 口 口 口 尸 尸 足 足 跱 跕 跡 跡 跡 跡

跡 跡 跡

百郡秦幷 (백군진병)

진나라는 천하를 통일하여 전국을 100군으로 나누어 다스렸다.

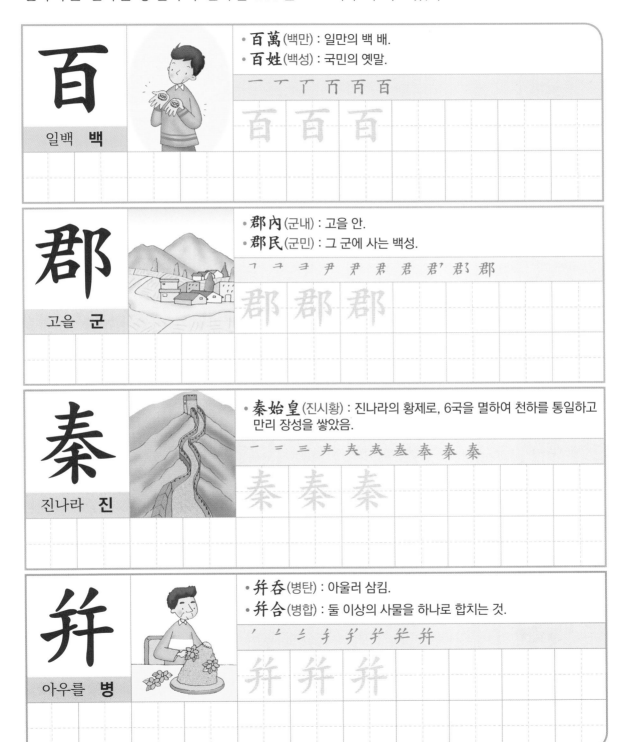

百
일백 **백**

- **百萬**(백만) : 일만의 백 배.
- **百姓**(백성) : 국민의 옛말.

一 丆 丆 丆 百 百

百　百　百

郡
고을 **군**

- **郡內**(군내) : 고을 안.
- **郡民**(군민) : 그 군에 사는 백성.

フ ㄱ ㅋ 尹 尹 君 君 君' 郡' 郡

郡　郡　郡

秦
진나라 **진**

- **秦始皇**(진시황) : 진나라의 황제로, 6국을 멸하여 천하를 통일하고 만리 장성을 쌓았음.

一 二 三 丰 夫 表 表 表 奉 秦 秦

秦　秦　秦

幷
아우를 **병**

- **幷呑**(병탄) : 아울러 삼킴.
- **幷合**(병합) : 둘 이상의 사물을 하나로 합치는 것.

' ' ㅡ 子 并 并 幷 幷

幷　幷　幷

嶽宗恒岱(악종항대)

5악 중에서는 항산과 태산이 으뜸이고,

※ 대(岱)는 태산의 별칭이며, 봉선은 임금이 하늘과 땅의 신에게 제사를 지내는 의례를 말한다.

嶽
큰산 **악**

• 山嶽(산악) : 높고 험준하게 솟은 산들.

丨 山 山 屮 屵 岑 岝 岼 岼 峚 嶽 崒 崒 嶽
嶽 嶽

嶽　嶽　嶽

宗
마루 **종**

• 宗家(종가) : 한 문중에서 맏이로만 이어 온 큰집.
• 宗廟(종묘) : 임금의 조상을 모시는 사당.

丶 丷 宀 宁 宝 宇 宗 宗

宗　宗　宗

恒
항상 **항**

• 恒常(항상) : 언제나 변함없이. 늘.
• 恒久(항구) : 변함없이 오래 감.

丶 忄 忄 忄 忙 恒 恒 恒 恒

恒　恒　恒

岱
뫼 **대**

• 岱山(대산) : 태산(泰山).
• 岱華(대화) : 태산과 화산(華山).

丿 亻 代 代 代 代 岱 岱

岱　岱　岱

禪主云亭 (선주운정)

운운산과 정정산은 천자를 봉선하고 제사하는 곳이다.

禪
선위할 **선**

· 禪位(선위) : 임금의 자리를 물려주는 것.

一 二 丁 亓 禾 禾 禾 禾 禪 禪 禪 禪 禪 禪 禪
禪 禪

禪 禪 禪

主
주인 **주**

· 主力(주력) : 중심이 되는 힘.
· 主人(주인) : 한 집안을 꾸려 나가는 주된 사람.

丶 一 二 丯 主

主 主 主

云
이를 **운**

· 云云(운운) : 이러쿵저러쿵.

一 二 云 云

云 云 云

亭
정자 **정**

· 亭子(정자) : 놀기 위하여 경치 좋은 곳에 지은 집.

丶 一 亠 宀 古 古 古 亭 亭 亭

亭 亭 亭

雁門紫塞 (안문자새)

높은 봉우리의 안문산이 있고 만리 장성이 있으며,

※ 중국의 북쪽 지형을 설명하고 있으며, 자새(紫塞)는 만리 장성을 말한다.

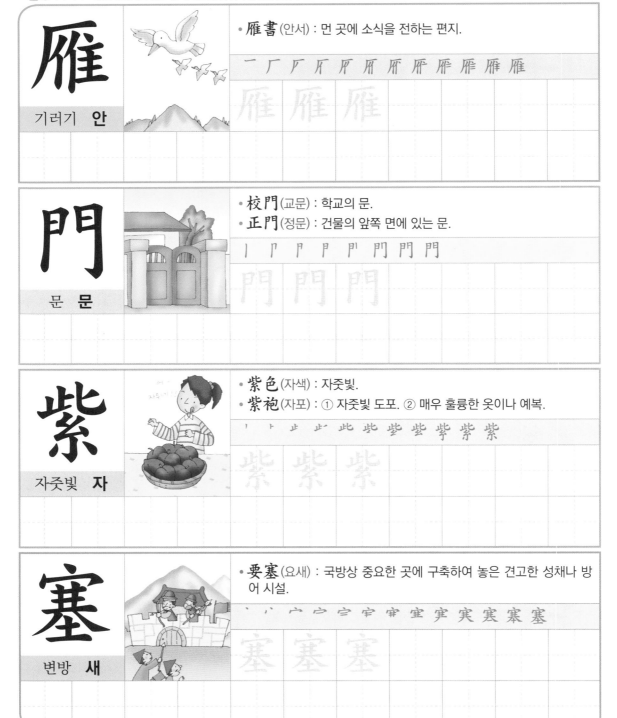

雁 기러기 **안**

• 雁書(안서) : 먼 곳에 소식을 전하는 편지.

一 厂 厂 厂 厂 厂 厂 厂 厂 雁 雁 雁

雁 雁 雁

門 문 **문**

• 校門(교문) : 학교의 문.
• 正門(정문) : 건물의 앞쪽 면에 있는 문.

丨 冂 冂 冂 門 門 門 門

門 門 門

紫 자줏빛 **자**

• 紫色(자색) : 자줏빛.
• 紫袍(자포) : ① 자줏빛 도포. ② 매우 훌륭한 옷이나 예복.

ㅗ ㅏ 止 止 此 此 紫 紫 紫 紫

紫 紫 紫

塞 변방 **새**

• 要塞(요새) : 국방상 중요한 곳에 구축하여 놓은 견고한 성채나 방어 시설.

丶 丶 宀 宀 宀 宀 宋 寒 寒 寒 寒 塞

塞 塞 塞

鷄田赤城(계전적성)

계전과 돌이 붉은 적성이 있다.

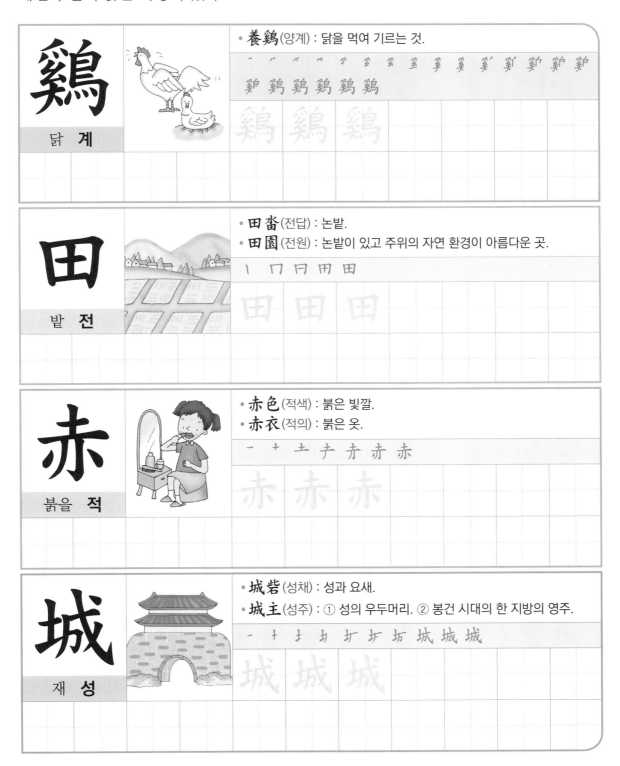

鷄 닭 계

• 養鷄(양계) : 닭을 먹여 기르는 것.

丿 ㄅ 夕 夕 夕 严 孚 奚 奚 奚 鷄 鷄 鷄

鷄 鷄 鷄 鷄 鷄 鷄

鷄 鷄 鷄

田 밭 전

• 田畓(전답) : 논밭.
• 田園(전원) : 논밭이 있고 주위의 자연 환경이 아름다운 곳.

丨 冂 冃 田 田

田 田 田

赤 붉을 적

• 赤色(적색) : 붉은 빛깔.
• 赤衣(적의) : 붉은 옷.

一 十 土 ナ 亣 赤 赤

赤 赤 赤

城 재 성

• 城砦(성채) : 성과 요새.
• 城主(성주) : ① 성의 우두머리. ② 봉건 시대의 한 지방의 영주.

一 十 土 圠 圻 圻 城 城 城

城 城 城

165

昆池碣石 (곤지갈석)

못으로는 곤지가 있고 산으로는 갈석이 있으며,

※ 중국의 남쪽 지역을 소개하고 있다.

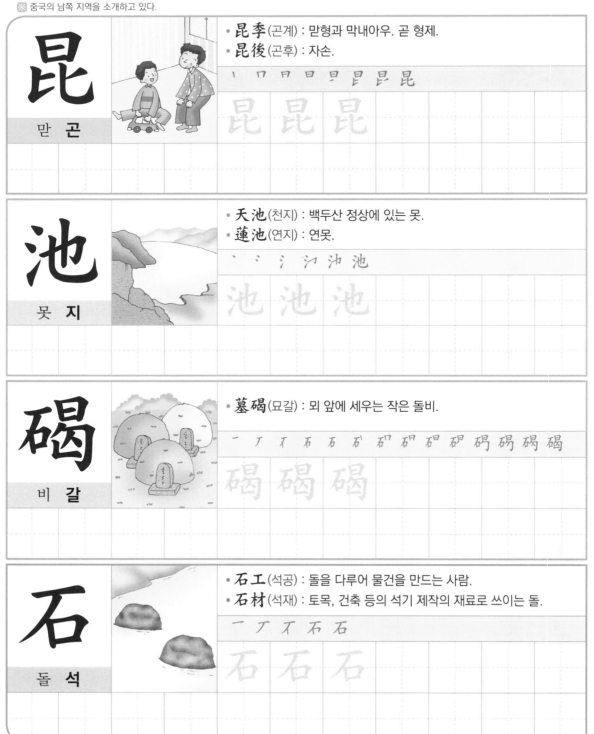

昆
맏 곤

• **昆季**(곤계) : 맏형과 막내아우. 곧 형제.
• **昆後**(곤후) : 자손.

丨 口 曰 日 旦 昆 昆 昆

昆 昆 昆

池
못 지

• **天池**(천지) : 백두산 정상에 있는 못.
• **蓮池**(연지) : 연못.

丶 丶 氵 氵 汩 池 池

池 池 池

碣
비 갈

• **墓碣**(묘갈) : 뫼 앞에 세우는 작은 돌비.

一 丁 石 石 石 石' 矽 矽 矽 碣 碣 碣 碣

碣 碣 碣

石
돌 석

• **石工**(석공) : 돌을 다루어 물건을 만드는 사람.
• **石材**(석재) : 토목, 건축 등의 석기 제작의 재료로 쓰이는 돌.

一 丁 丆 石 石

石 石 石

鉅野洞庭 (거야동정)

들로는 거야가 있고 호수로는 중국 제일의 동정호가 있다.

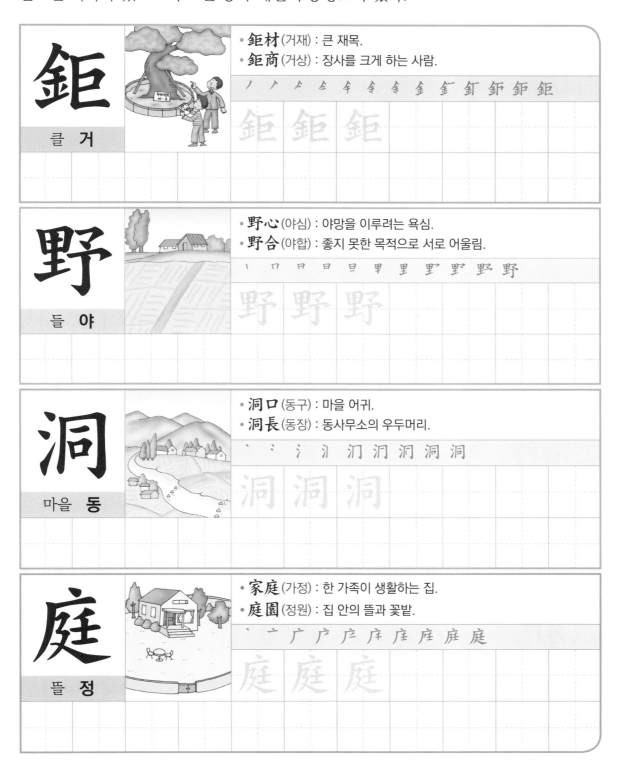

鉅
클 거

- **鉅材**(거재) : 큰 재목.
- **鉅商**(거상) : 장사를 크게 하는 사람.

丿 丿 亻 彡 彡 亽 숙 金 金 釒 鉅 鉅 鉅

鉅 鉅 鉅

野
들 야

- **野心**(야심) : 야망을 이루려는 욕심.
- **野合**(야합) : 좋지 못한 목적으로 서로 어울림.

丨 口 曰 曰 旦 甲 里 野 野 野 野

野 野 野

洞
마을 동

- **洞口**(동구) : 마을 어귀.
- **洞長**(동장) : 동사무소의 우두머리.

丶 冫 氵 汀 汩 洞 洞 洞

洞 洞 洞

庭
뜰 정

- **家庭**(가정) : 한 가족이 생활하는 집.
- **庭園**(정원) : 집 안의 뜰과 꽃밭.

丶 宀 广 广 庐 庐 庄 庭 庭 庭

庭 庭 庭

曠遠綿邈 (광원면막)

산과 호수, 벌판들이 아득하고 멀리 줄지어 있으며,

※ 멧부리는 산등성이나 산봉우리의 가장 높은 꼭대기를 말한다.

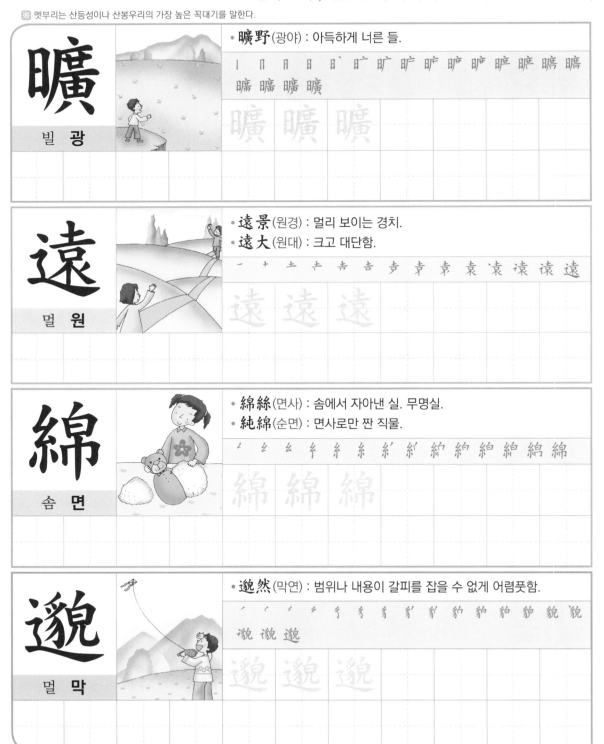

曠
빌 광

• 曠野(광야) : 아득하게 너른 들.

丨 冂 冃 日 日 日` 旷 旷 旷 旷 旷 旷 旷 曠 曠
曠 曠 曠 曠

曠 曠 曠

遠
멀 원

• 遠景(원경) : 멀리 보이는 경치.
• 遠大(원대) : 크고 대단함.

一 十 土 士 吉 吉 吉 吉 吉 袁 袁 `袁 遠 遠 遠

遠 遠 遠

綿
솜 면

• 綿絲(면사) : 솜에서 자아낸 실. 무명실.
• 純綿(순면) : 면사로만 짠 직물.

丶 ㄥ ㄠ ㄠ 糸 糸 糸 糹 紀 綿 綿 綿 綿 綿

綿 綿 綿

邈
멀 막

• 邈然(막연) : 범위나 내용이 갈피를 잡을 수 없게 어렴풋함.

丿 丶 丶 丶 㐅 㐅 豸 豸 豸 豸 豹 豹 豹 貌 貌
邈 邈 邈

邈 邈 邈

巖岫杳冥 (암수묘명)

큰 바위와 멧부리는 묘연하고 아득하다.

巖 바위 **암**
- 巖壁(암벽) : 바위가 깍아지른 듯이 높이 솟아 수직의 벽을 이룬 것.

岫 멧부리 **수**
- 岫雲(수운) : 산에 있는 바위 틈에서 일어나는 구름.

杳 어두울 **묘**
- 杳然(묘연) : ① 그윽하고 멀어서 눈에 아물아물함. ② 소식·행방 등이 알 길이 없음.

冥 어두울 **명**
- 冥福(명복) : 죽은 후의 행복.
- 冥想(명상) : 고요히 눈을 감고 생각함.

治本於農 (치본어농)

농사를 나라 다스리는 근본으로 삼고,

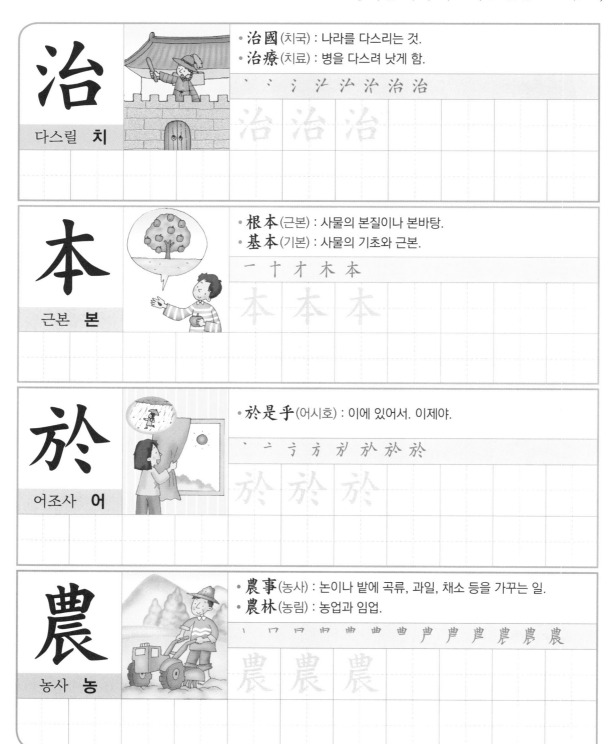

治 다스릴 **치**

- 治國(치국) : 나라를 다스리는 것.
- 治療(치료) : 병을 다스려 낫게 함.

丶 丶 氵 氵 氵 治 治 治

治 治 治

本 근본 **본**

- 根本(근본) : 사물의 본질이나 본바탕.
- 基本(기본) : 사물의 기초와 근본.

一 十 才 木 本

本 本 本

於 어조사 **어**

- 於是乎(어시호) : 이에 있어서. 이제야.

丶 丶 亠 方 方 於 於 於

於 於 於

農 농사 **농**

- 農事(농사) : 논이나 밭에 곡류, 과일, 채소 등을 가꾸는 일.
- 農林(농림) : 농업과 임업.

丶 口 曰 曲 曲 曲 曲 芦 芦 芦 農 農 農

農 農 農

務茲稼穡 (무자가색)

때맞춰 심고 거두는 일에 힘썼다.

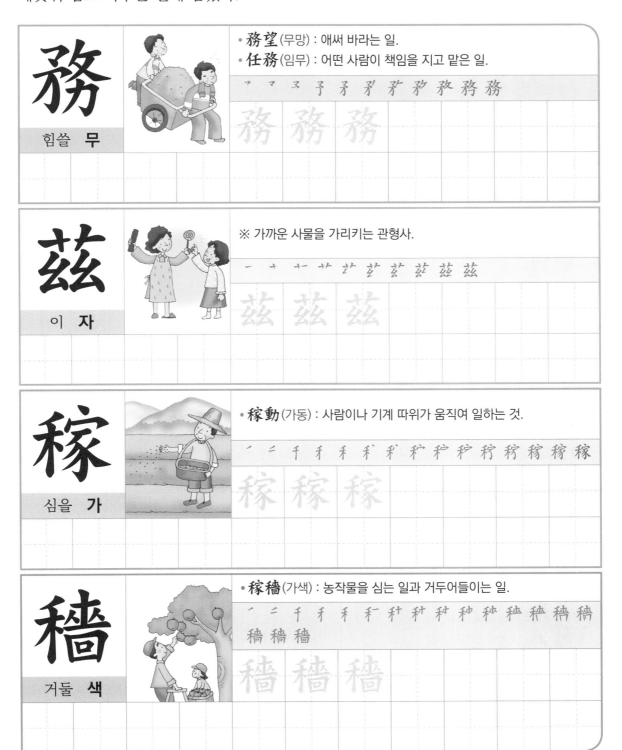

務
힘쓸 **무**

- **務望**(무망) : 애써 바라는 일.
- **任務**(임무) : 어떤 사람이 책임을 지고 맡은 일.

⁊ ⁊ ㄱ 孒 矛 矛 矛 ⅀ 敄 務 務

務 務 務

茲
이 **자**

※ 가까운 사물을 가리키는 관형사.

一 ╷ ㅛ ㅛ ㅛ 莁 莁 茲 茲 茲

茲 茲 茲

稼
심을 **가**

- **稼動**(가동) : 사람이나 기계 따위가 움직여 일하는 것.

一 二 千 千 禾 禾 禾 秒 秒 秒 稈 稼 稼 稼

稼 稼 稼

穡
거둘 **색**

- **稼穡**(가색) : 농작물을 심는 일과 거두어들이는 일.

一 二 千 千 禾 禾 科 科 种 秞 秞 秞 稰 穡
穡 穡 穡

穡 穡 穡

俶載南畝 (숙재남묘)

비로소 남쪽 밭에 나가 농작물을 기르기 시작하니,

俶
비로소 **숙**

• 俶獻 (숙헌) : 처음으로 드림.

丿 亻 亻 亻 仆 仆 卡 估 俶 俶 俶

載
실을 **재**

• 滿載 (만재) : 가득 싣는 것.
• 揭載 (게재) : 신문·잡지 등에 글이나 그림 따위를 싣는 것.

一 十 土 主 吉 吉 青 青 亘 車 載 載 載

南
남녘 **남**

• 南門 (남문) : 남쪽으로 난 문.
• 南海 (남해) : 남쪽에 있는 바다.

一 十 十 内 内 内 南 南 南

畝
이랑 **묘**

※ 옛날의 땅 면적의 단위로 육척 사방을 1보라 하고, 100보를 1묘라 함.

丶 丶 二 亠 声 亩 亩 亩 畝 畝

我藝黍稷 (아예서직)

나는 기장과 피를 심는 일에 열중하리라.

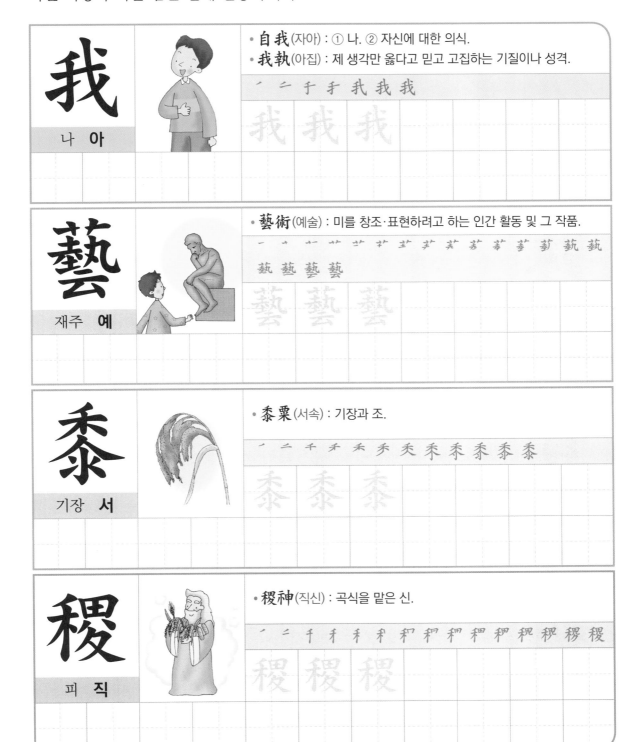

我
나 **아**

- **自我**(자아) : ① 나. ② 자신에 대한 의식.
- **我執**(아집) : 제 생각만 옳다고 믿고 고집하는 기질이나 성격.

丿 二 チ 手 扡 我 我

我 我 我

藝
재주 **예**

- **藝術**(예술) : 미를 창조·표현하려고 하는 인간 활동 및 그 작품.

一 十 艹 艹 芒 芢 坴 荛 荄 蓻 葝 蓺 蓺 蓺
蓺 藝 藝 藝

藝 藝 藝

黍
기장 **서**

- **黍粟**(서속) : 기장과 조.

丿 二 千 チ 禾 乔 夭 秃 秂 黍 黍 黍

黍 黍 黍

稷
피 **직**

- **稷神**(직신) : 곡식을 맡은 신.

丿 二 千 千 禾 禾 秆 秆 秤 稈 稩 稩 稷 稷

稷 稷 稷

稅熟貢新 (세숙공신)

곡식이 익으면 세금을 내고 햇곡식으로 종묘에 제사를 올리며,

税
세납 **세**

- **稅金**(세금) : 조세로 바치는 돈.
- **稅務**(세무) : 세금을 매기고 거두어들이는 것에 대한 사무.

丿 二 千 禾 禾 禾 秒 秒 秒 秒 秒 稅

熟
익을 **숙**

- **成熟**(성숙) : ① 농작물·과실 등이 충분히 익는 것. ② 자라서 어른스럽게 되는 것.

丶 丶 亠 亣 盲 亨 亨 享 享 剪 孰 孰 孰 熟 熟 熟

貢
바칠 **공**

- **朝貢**(조공) : 속국이 종주국에게 때맞추어 예물을 바치는 일.
- **貢獻**(공헌) : 어떤 일에 힘을 써 이바지하는 것.

一 丁 工 干 齐 青 青 青 貢 貢

新
새 **신**

- **新年**(신년) : 새 해.
- **新任**(신임) : 새로 임명됨.

丶 亠 立 立 辛 辛 辛 辛 新 新 新

勸賞黜陟 (권상출척)

농사를 잘 지은 사람에겐 상을 주고 게을리한 사람은 내쫓았다.

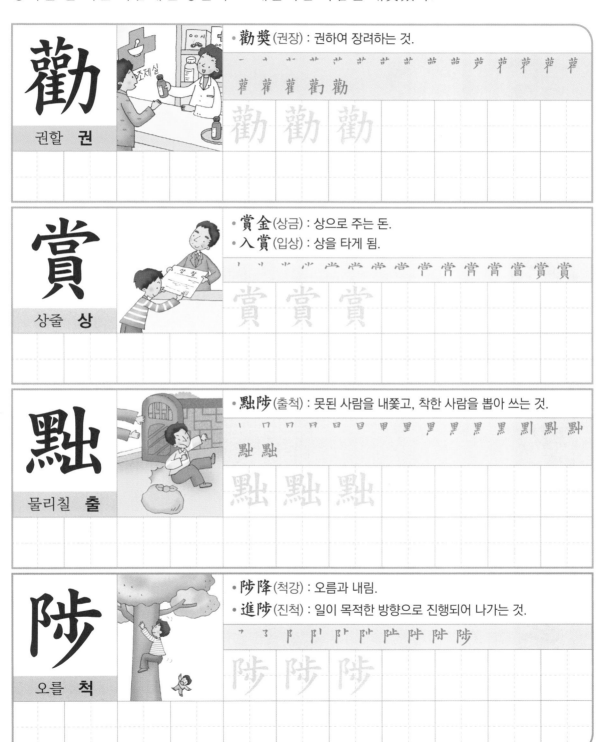

勸
권할 권

• **勸奬**(권장) : 권하여 장려하는 것.

一 十 ナ ナ 廿 节 节 节 苩 苩 堇 堇 堇 堇
堇 堇 雚 雚 勸

賞
상줄 상

• **賞金**(상금) : 상으로 주는 돈.
• **入賞**(입상) : 상을 타게 됨.

丨 丬 丬 半 半 常 常 常 常 常 尚 尚 賞 賞

黜
물리칠 출

• **黜陟**(출척) : 못된 사람을 내쫓고, 착한 사람을 뽑아 쓰는 것.

丨 冂 冂 冃 曱 里 里 里 黒 黒 黒 黑 黜 黜
黜 黜

陟
오를 척

• **陟降**(척강) : 오름과 내림.
• **進陟**(진척) : 일이 목적한 방향으로 진행되어 나가는 것.

一 了 阝 阝 卧 卧 陟 陟 陟 陟

孟軻敦素 (맹가돈소)

맹자는 평소 행동이 돈독하였고,

※ 맹가(孟軻)는 맹자를 말하며, 돈소(敦素)는 평소의 성품을 돈독하게 한다는 뜻이다.

孟
맏 **맹**

• **孟仲季**(맹중계) : 맏이와 둘째, 셋째의 형제 자매의 차례.

丁 了 子 子 舌 舌 孟 孟

孟 孟 孟

軻
수레 **가**

• **憾軻**(감가) : 길이 험하여 다니기 거북함.

一 厂 厅 厇 百 亘 車 車 車 軻 軻 軻

軻 軻 軻

敦
도타울 **돈**

• **敦篤**(돈독) : 정이 깊고 두터움.

丶 亠 宀 古 声 亨 亨 享 享 郭 敦 敦

敦 敦 敦

素
힐 **소**

• **素服**(소복) : 하얗게 차려 입은 한복.

一 二 丰 主 毐 耒 耒 素 素 素

素 素 素

史魚秉直 (사어병직)

사어는 그 성격이 곧고 강직하였다.

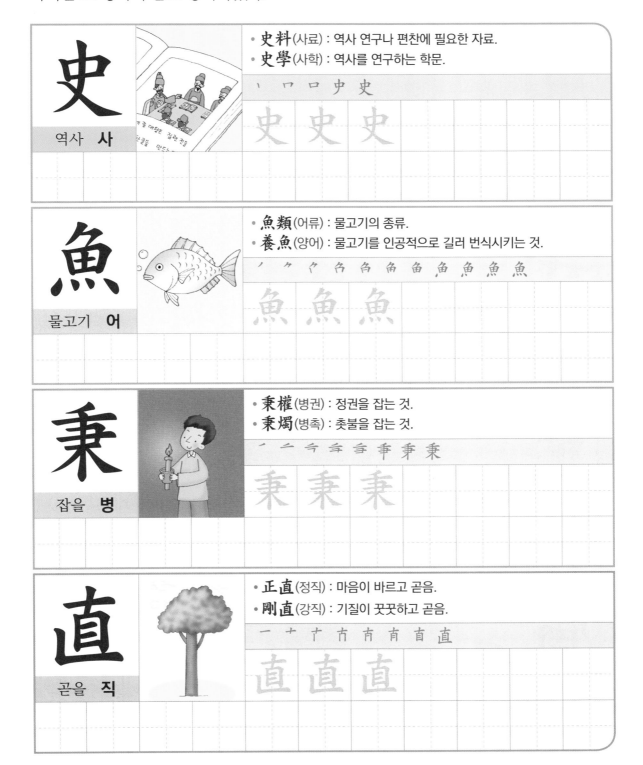

史 역사 **사**		· **史料**(사료) : 역사 연구나 편찬에 필요한 자료. · **史學**(사학) : 역사를 연구하는 학문. 丶 口 口 史 史

魚 물고기 **어**		· **魚類**(어류) : 물고기의 종류. · **養魚**(양어) : 물고기를 인공적으로 길러 번식시키는 것. ノ ク グ ゟ 命 命 旨 皁 魚 魚 魚

秉 잡을 **병**		· **秉權**(병권) : 정권을 잡는 것. · **秉燭**(병촉) : 촛불을 잡는 것. ノ 二 チ 亐 青 秉 秉 秉

直 곧을 **직**		· **正直**(정직) : 마음이 바르고 곧음. · **剛直**(강직) : 기질이 꿋꿋하고 곧음. 一 十 十 市 古 肯 直 直

庶幾中庸 (서기중용)

무슨 일에나 중용에 가까워지려면,

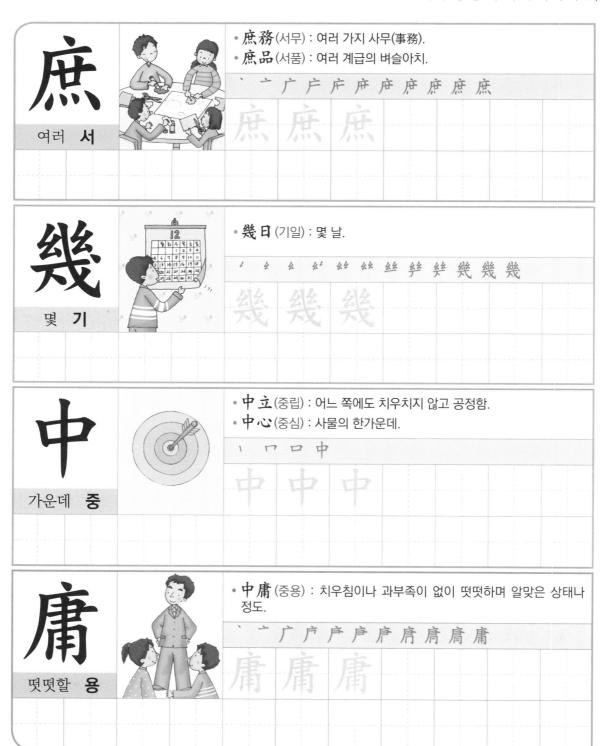

庶 — 여러 서

- **庶務** (서무) : 여러 가지 사무(事務).
- **庶品** (서품) : 여러 계급의 벼슬아치.

`一 广 广 庐 庐 庄 庶 庶 庶 庶 庶`

幾 — 몇 기

- **幾日** (기일) : 몇 날.

中 — 가운데 중

- **中立** (중립) : 어느 쪽에도 치우치지 않고 공정함.
- **中心** (중심) : 사물의 한가운데.

`丨 冂 口 中`

庸 — 떳떳할 용

- **中庸** (중용) : 치우침이나 과부족이 없이 떳떳하며 알맞은 상태나 정도.

`一 广 广 户 户 户 庐 肩 肩 肩 庸`

勞謙謹勅 (노겸근칙)

수고하고 겸손하며 삼가고 경계해야 한다.

勞 **일할 로**
- 勞苦(노고) : 힘들여 애쓰는 수고.
- 勞力(노력) : 힘을 써 수고함.

丶 丶 丷 丷 炒 炒 炒 炒 炒 勞 勞

勞 勞 勞

謙 **겸손할 겸**
- 謙遜(겸손) : 남을 존중하고 자기를 내세우지 않는 태도.

丶 亠 亠 言 言 言 言 訃 訓 誹 詳 詳 謙 謙 謙

謙 謙 謙

謹 **삼갈 근**
- 謹愼(근신) : 말이나 행동을 삼가서 조심하는 것.

丶 亠 亠 言 言 言 言 訃 訓 詳 詳 詳 謹 謹 謹

謹 謹 謹

勅 **경계할 칙**
- 勅書(칙서) : 임금의 명령을 적은 문서.

一 一 一 巨 巨 束 束 勅 勅

勅 勅 勅

聆音察理(영음찰리)

목소리를 듣고 그 마음 속의 생각을 살피며,

聆
들을 **령**

• **聆聆**(영령) : 깨닫는 모양.

一 丁 丌 丌 耳 耳 耵 耵 聆 聆

聆 聆 聆

音
소리 **음**

• **音色**(음색) : 소리의 종류와 성질.
• **音節**(음절) : 소리 마디.

丶 亠 立 立 产 产 音 音 音

音 音 音

察
살필 **찰**

• **觀察**(관찰) : 주의 깊게 살펴보는 것.
• **視察**(시찰) : 돌아다니며 실제의 사정을 살피는 것.

丶 丶 宀 宀 宀 灾 灾 灾 宨 宨 宨 寍 察 察

察 察 察

理
다스릴 **리**

• **管理**(관리) : ① 사무를 관할 처리함. ② 사람을 지휘 감독함.
• **道理**(도리) : 사람이 마땅히 행하여야 할 바른 길.

一 二 T 王 玎 玑 玾 玾 理 理 理

理 理 理

鑑貌辨色 (감모변색)

용모와 얼굴색을 보고 그 마음 속을 분별한다.

鑑

거울 **감**

• **龜鑑**(귀감) : 거울삼아 본받을 만한 모범.

ノ ナ ト ト 牟 牟 夆 金 金 金 釒 釒 釘 鈤 鉅
鉅 鑑 鑑 鑑 鑑 鑑 鑑

貌

모양 **모**

• **容貌**(용모) : 얼굴 모습.
• **外貌**(외모) : 겉으로 나타난 모습.

辨

분별 **변**

• **辨別**(변별) : 사물끼리의 차이를 가리거나 의식하여 아는 것.

色

빛 **색**

• **氣色**(기색) : 얼굴에 나타난 생각이나 감정.
• **色紙**(색지) : 물감을 들인 종이.

貽厥嘉猷 (이궐가유)

착하고 아름다운 것을 자손에게 물려주며,

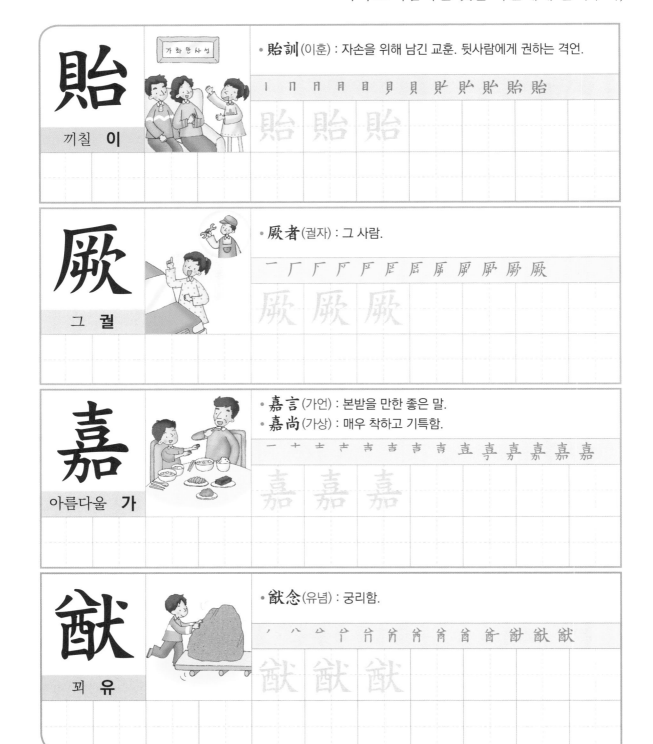

貽 끼칠 **이**	• 貽訓(이훈) : 자손을 위해 남긴 교훈. 뒷사람에게 권하는 격언. ｜ Ｉ Ｎ Ｈ 月 目 貝 貝 貯 貯 貽 貽 貽 貽 貽 貽
厥 그 **궐**	• 厥者(궐자) : 그 사람. 一 厂 厂 厂 厂 严 严 屄 屍 厥 厥 厥 厥 厥 厥 厥
嘉 아름다울 **가**	• 嘉言(가언) : 본받을 만한 좋은 말. • 嘉尚(가상) : 매우 착하고 기특함. 一 十 土 吉 吉 吉 吉 吉 壴 喜 嘉 嘉 嘉 嘉 嘉 嘉 嘉
猷 꾀 **유**	• 猷念(유념) : 궁리함. ノ 八 八 酋 酋 酋 酋 猷 猷 猷 猷 猷 猷

182

勉其祗植 (면기지식)

착한 것을 자손에게 심어 주는 일에 힘써야 한다.

勉		• 勉勵(면려) : ① 힘써 하는 것. ② 남을 힘쓰게 하는 것.
		• 勤勉(근면) : 부지런히 힘쓰는 것.
힘쓸 **면**		ノ ク ク 各 各 名 免 免 勉
		勉 勉 勉

其		• 其間(기간) : 어느 시기부터 다른 어느 시기까지의 사이.
		• 其他(기타) : 그 밖의.
그 **기**		一 十 卄 丗 甘 甘 其 其
		其 其 其

祗		• 祗敬(지경) : 공경하고 삼감.
공경할 **지**		一 亍 亍 示 示 示 祀 祇 祇
		祗 祗 祗

植		• 植木(식목) : 나무를 심음.
		• 植物(식물) : 나무·꽃·풀 등의 총칭.
심을 **식**		一 十 才 才 村 村 柏 柏 枯 植 植
		植 植 植

省躬譏誡 (성궁기계)

나무람과 경계할 것이 있는가 자신을 살피고,

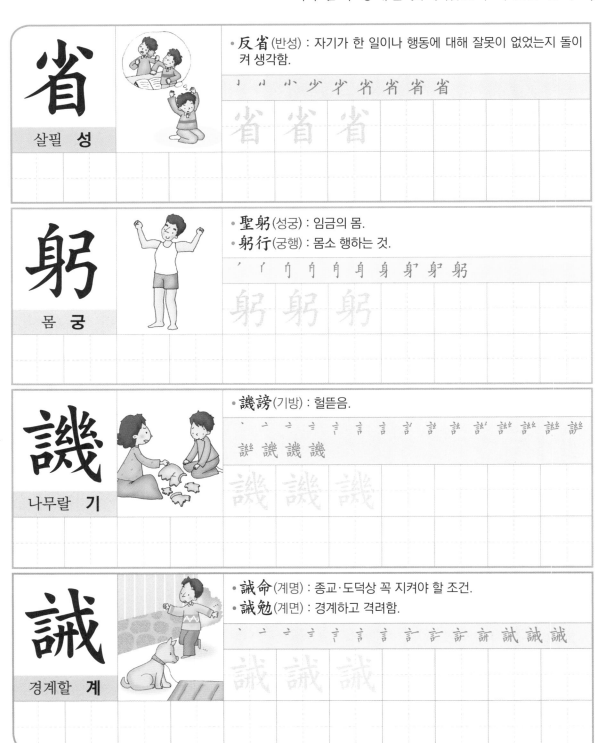

省
살필 **성**

• **反省**(반성) : 자기가 한 일이나 행동에 대해 잘못이 없었는지 돌이켜 생각함.

ノ 小 小 少 少 省 省 省 省

省 省 省

躬
몸 **궁**

• **聖躬**(성궁) : 임금의 몸.
• **躬行**(궁행) : 몸소 행하는 것.

′ ′ ′ ′ ′ ′ ′ ′ ′ 身 身 身 身 躬

躬 躬 躬

譏
나무랄 **기**

• **譏謗**(기방) : 헐뜯음.

丶 二 三 글 글 言 言 計 計 謎 誤 訓 譏

謎 譏 譏 譏

譏 譏 譏

誡
경계할 **계**

• **誡命**(계명) : 종교·도덕상 꼭 지켜야 할 조건.
• **誡勉**(계면) : 경계하고 격려함.

丶 二 三 글 글 言 言 計 計 訂 訊 誡 誡

誡 誡 誡

寵增抗極(총증항극)

총애가 더할수록 교만하지 말고 더욱 조심해야 한다.

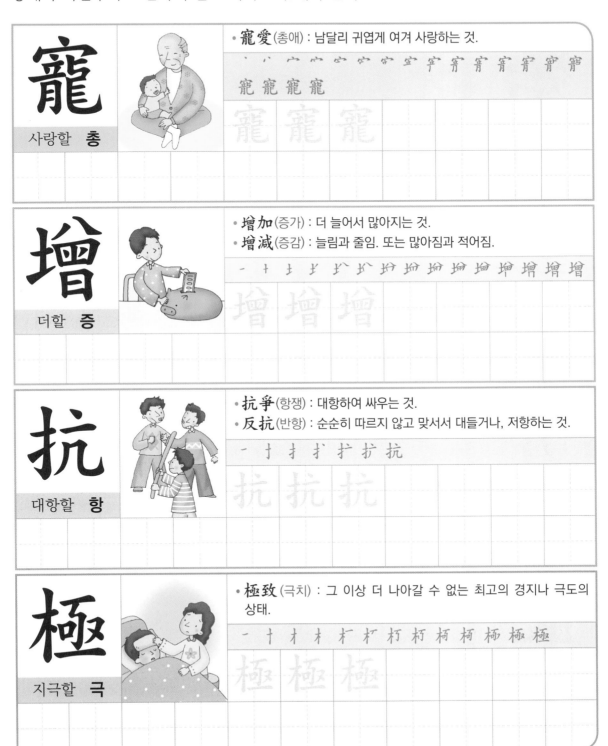

寵
사랑할 **총**

• 寵愛(총애) : 남달리 귀엽게 여겨 사랑하는 것.

丶 丷 宀 宀 宀 宀 宀 宧 宧 寍 寍 寍 寍 寍
寵 寵 寵 寵

增
더할 **증**

• 增加(증가) : 더 늘어서 많아지는 것.
• 增減(증감) : 늘림과 줄임. 또는 많아짐과 적어짐.

一 十 土 圹 圹 圹 圹 垆 垆 垳 增 增 增 增 增

抗
대항할 **항**

• 抗爭(항쟁) : 대항하여 싸우는 것.
• 反抗(반항) : 순순히 따르지 않고 맞서서 대들거나, 저항하는 것.

一 十 扌 扩 扩 扩 抗

極
지극할 **극**

• 極致(극치) : 그 이상 더 나아갈 수 없는 최고의 경지나 극도의 상태.

一 十 才 木 木 杧 柯 柯 柯 極 極 極

殆辱近恥(태욕근치)

위태롭고 욕된 일을 하면 부끄러움을 당할 것이니,

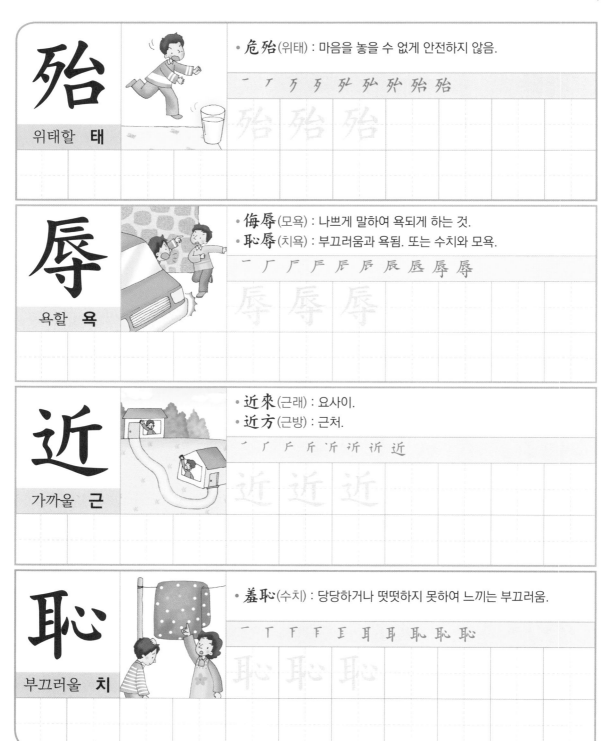

殆

위태할 **태**

• 危殆(위태) : 마음을 놓을 수 없게 안전하지 않음.

一 ブ 歹 歹 歼 殆 殆 殆 殆

辱

욕할 **욕**

• 侮辱(모욕) : 나쁘게 말하여 욕되게 하는 것.
• 恥辱(치욕) : 부끄러움과 욕됨. 또는 수치와 모욕.

一 厂 厂 尸 斤 斤 辰 辰 辱 辱

近

가까울 **근**

• 近來(근래) : 요사이.
• 近方(근방) : 근처.

一 厂 斤 斤 斤 近 近 近

恥

부끄러울 **치**

• 羞恥(수치) : 당당하거나 떳떳하지 못하여 느끼는 부끄러움.

一 丁 Ｆ Ｆ Ｅ 耳 耳 耶 耶 恥

林皐幸卽 (임고행즉)

산간수풀에서 사는 것도 다행한 일이다.

林		• 山林(산림) : 산에 있는 숲.
수풀 **림**		• 育林(육림) : 인공적으로 숲을 가꿈.

一 十 オ オ 木 村 村 林

林 林 林

皐		• 皐復(고복) : 죽은 사람의 혼을 돌아오라고 부르는 의식.
언덕 **고**		• 皐門(고문) : 궁성의 제일 바깥에 있는 높은 문.

丶 丶 白 白 白 白 皐 皐 皐 皇 皐

皐 皐 皐

幸		• 幸運(행운) : 좋은 운수.
다행 **행**		• 幸福(행복) : 복된 좋은 운수.

一 十 土 土 卉 幸 幸 幸

幸 幸 幸

卽		• 卽刻(즉각) : 당장에 곧.
곧 **즉**		• 卽死(즉사) : 그 자리에서 곧 죽는 것.

丶 丶 白 白 白 皀 皀 卽 卽

卽 卽 卽

兩疏見機 (양소견기)

소광과 소수는 때를 살펴,

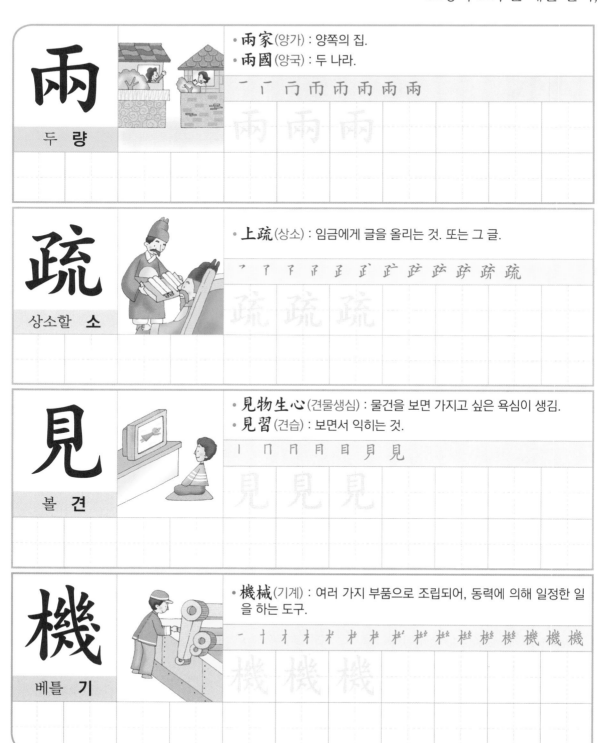

兩 두 량

• **兩家**(양가) : 양쪽의 집.
• **兩國**(양국) : 두 나라.

一 厂 厂 厅 丙 丙 兩 兩

疏 상소할 소

• **上疏**(상소) : 임금에게 글을 올리는 것. 또는 그 글.

フ マ マ 正 正 疒 疋 疋 疋 疋 疏 疏

見 볼 견

• **見物生心**(견물생심) : 물건을 보면 가지고 싶은 욕심이 생김.
• **見習**(견습) : 보면서 익히는 것.

| 冂 冃 月 目 貝 見

機 베틀 기

• **機械**(기계) : 여러 가지 부품으로 조립되어, 동력에 의해 일정한 일을 하는 도구.

一 十 才 才 木 杉 杉 杉 杉 枠 枠 機 機 機

解組誰逼 (해조수핍)

관의 끈을 풀고 사직하고 돌아가니 누가 핍박하겠는가.

解 풀 해

- **解釋**(해석) : 그 의미를 밝혀 내거나, 그 내용을 설명하는 것.
- **解毒**(해독) : 독기를 풀어 없애는 것.

ノ ク ク 角 角 角 角 角 解 解 解 解 解

組 짤 조

- **組織**(조직) : 짜서 이루는 것. 또는 그렇게 된 것.
- **組合**(조합) : 여럿을 모아 한 덩어리가 되게 하는 것.

ㄥ ㄠ ㄠ ㄠ 糸 糸 糸 糾 糾 組 組 組

誰 누구 수

- **誰怨誰咎**(수원수구) : 누구를 원망하고 누구를 탓하랴의 뜻. 남을 원망하거나 탓할 것이 없음을 이르는 말.

丶 亠 亠 ᆖ ᆖ 言 言 言 計 計 計 許 許 誰 誰

逼 핍박할 **핍**

- **逼迫**(핍박) : 억누르고 괴롭히는 것.

一 ㄱ 冂 冋 冋 픔 픔 畐 畐 逼 逼 逼

189

索居閑處 (색거한처)

한가로운 곳을 찾아 조용히 지내니,

索
찾을 색

- **探索**(탐색) : 감추어진 사실을 알아 내기 위하여 살피어 찾는 것.
- **思索**(사색) : 삶이나 철학적인 문제에 대하여 깊이 생각하는 것.

一 十 十 占 卉 卉 壺 索 索 索

索 索 索

居
살 거

- **居住**(거주) : 일정한 곳에 자리를 잡고 사는 일. 또는 그 곳.
- **居民**(거민) : 그 땅에 사는 백성.

フ ユ 尸 尸 居 居 居 居

居 居 居

閑
한가할 한

- **閑暇**(한가) : 일이 없어 시간의 여유가 있음.
- **閑寂**(한적) : 다니는 사람이 거의 없이 한가하고 조용함.

l F F F F' 門 門 門 閂 閑 閑

閑 閑 閑

處
곳 처

- **居處**(거처) : 일정하게 자리를 잡고 살거나 한동안 묵는 것.
- **出處**(출처) : 사물이 생겨 나온 근거.

丨 广 卢 序 卢 虍 虍 庐 處 處 處

處 處 處

沈默寂寥 (침묵적료)

아무 일도 없고 고요하기만 하다.

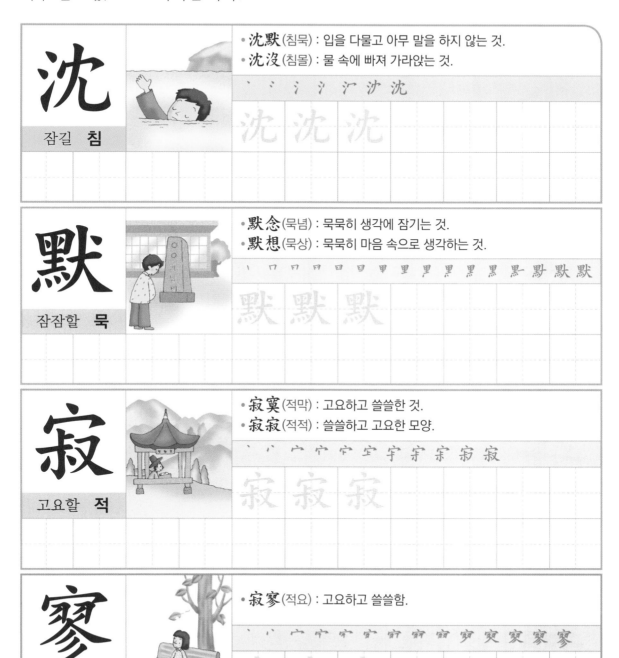

沈 잠길 **침**		• 沈默(침묵) : 입을 다물고 아무 말을 하지 않는 것. • 沈沒(침몰) : 물 속에 빠져 가라앉는 것.

`ㆍ ㆍ ㄠ ㄠ ㆍ 沪 沙 沈`

沈 沈 沈

默 잠잠할 **묵**		• 默念(묵념) : 묵묵히 생각에 잠기는 것. • 默想(묵상) : 묵묵히 마음 속으로 생각하는 것.

`ㆍ ㅁ ㅁ ㅁ 日 里 里 里 黑 黑 黑 黙 默 默`

默 默 默

寂 고요할 **적**		• 寂寞(적막) : 고요하고 쓸쓸한 것. • 寂寂(적적) : 쓸쓸하고 고요한 모양.

`ㆍ ㆍ 宀 宀 宀 宝 宇 宇 宋 宗 寂`

寂 寂 寂

寥 쓸쓸할 **료**		• 寂寥(적요) : 고요하고 쓸쓸함.

`ㆍ ㆍ 宀 宀 宀 宀 宐 宛 宛 宛 寥 寥 寥 寥`

寥 寥 寥

求古尋論(구고심론)

옛 성현들의 글을 찾아 읽고 토론하며,

求
구할 **구**

- **要求**(요구) : 해 달라고 하는 것.
- **求職**(구직) : 일자리를 구하는 것.

一 十 十 才 才 求 求

求　求　求

古
예 **고**

- **古代**(고대) : 옛 시대.
- **古物**(고물) : 옛 물건.

一 十 十 古 古

古　古　古

尋
찾을 **심**

- **尋訪**(심방) : 방문해 찾아보는 것.
- **尋人**(심인) : 사람을 찾음. 또는 찾을 사람.

ㄱ ㅋ ㅋ ㅋ ㅋ ㅋ ㅋ ㅋ ㅋ ㅋ 尋 尋

尋　尋　尋

論
의논할 **론**

- **議論**(의논) : 서로 의견을 주고받는 것.
- **論說**(논설) : 어떤 문제에 대해 글을 통해 자기의 주장을 논하는 일.

丶 亠 亠 言 言 言 言 論 論 論 論 論 論 論

論　論　論

散慮逍遙 (산려소요)

세상일은 잊어버리고 자연 속에서 한가로이 즐긴다.

흩어질 **산**		• **散在**(산재) : 여기저기 흩어져 있는 것. • **解散**(해산) : 회합 등이 끝나서, 사람들이 따로따로 가는 것. 一 十 卄 芇 芇 芇 昔 昔 昔 散 散 散 散 散 散　散　散

 생각 **려**	• **考慮**(고려) : 생각하여 헤아리는 것. • **思慮**(사려) : 일에 대하여 주의 깊게 생각하는 것. 또는 그 생각. 丨 丬 上 卢 卢 庐 虍 虍 虑 虑 唐 唐 慮 慮 慮 慮　慮　慮

 거닐 **소**	• **逍風**(소풍) : 학생들이 교사의 인솔하에 야외에 나가 여러 가지 놀이를 즐기면서 하루를 보내는 일. 丨 丬 小 ⺊ 肖 肖 肖 肖 消 消 逍 逍　逍　逍

 거닐 **요**	• **逍遙**(소요) : 정한 곳이 없이 슬슬 거닐어 돌아다니는 것. 丿 夕 夕 夕 夗 兒 兒 军 岳 备 䍃 搖 遙 遙 遙　遙　遙

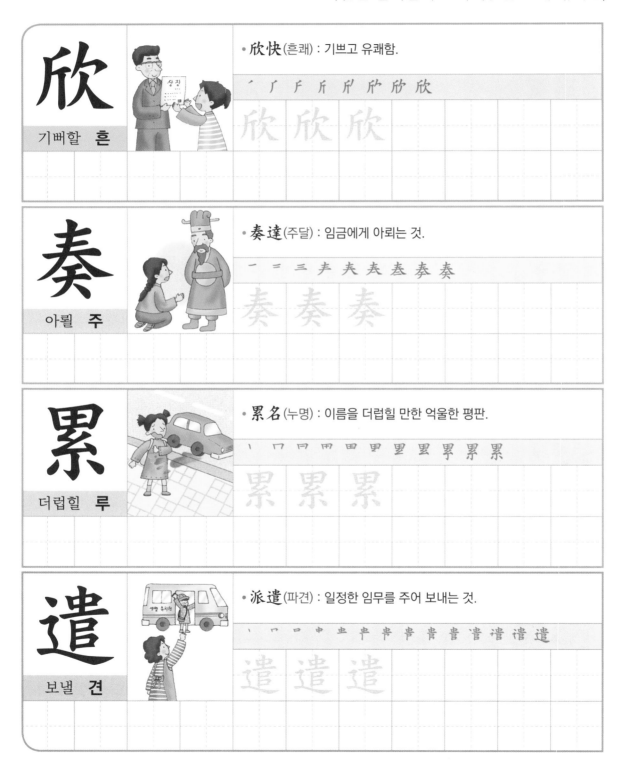

欣奏累遣 (흔주누견)

기쁨은 불러들이고 더러움은 보내 버리면,

欣 기뻐할 흔
- 欣快(흔쾌) : 기쁘고 유쾌함.
丶丿斤斤斤斤欣欣欣

奏 아뢸 주
- 奏達(주달) : 임금에게 아뢰는 것.
一二三丰夫夫夫奏奏

累 더럽힐 루
- 累名(누명) : 이름을 더럽힐 만한 억울한 평판.
丶口曰田田甲里里累累累

遣 보낼 견
- 派遣(파견) : 일정한 임무를 주어 보내는 것.
丶口口中虫虫串串串遣遣遣遣

慽謝歡招 (척사환초)

슬픔은 사라지고 기쁨은 부르지 않아도 찾아온다.

慽 근심 척

• 愁慽(수척) : 근심하여 슬퍼하는 것.

丶丶忄忄忄忄忄忄忄忄忄慽慽慽

慽 慽 慽

謝 사례할 사

• 謝禮(사례) : 상대편에게 고마운 뜻을 나타내는 것. 또는 그 인사.

丶亠言言言言言訂訂訃訃謝謝謝
謝 謝

謝 謝 謝

歡 기뻐할 환

• 歡迎(환영) : 격식을 갖추어 기쁘고 반갑게 맞는 것.

一十十廿廿廿廿萁萁萁萁萁萁萁
萁萁萁雚雚歡歡

歡 歡 歡

招 부를 초

• 招待(초대) : 참석하거나 참가할 것을 청하는 것.
• 招來(초래) : 어떤 결과를 가져오게 하는 것.

一十扌扌打招招招

招 招 招

渠荷的歷(거하적력)

개천에 핀 연꽃은 또렷이 빛나 아름답고,

渠
개천 **거**

• 渠水(거수) : 땅을 파서 통하게 한 수로.

丶 丶 氵 氵 汀 汀 沪 沪 洰 洰 渠 渠 渠

渠 渠 渠

荷
연꽃 **하**

• 荷花(하화) : 연꽃.

一 十 十 艹 艹 芢 芢 芢 荷 荷 荷

荷 荷 荷

的
과녁, 밝을 **적**

• 的中(적중) : 물체가 목표물에 정확하게 맞는 것.
• 的然(적연) : 틀림없이 그러함. 확실함.

丿 丿 自 自 白 自 的 的

的 的 的

歷
지낼, 분명할 **력**

• 歷任(역임) : 여러 직위를 두루 거쳐 지내는 것.
• 歷力(역력) : 자취나 낌새 등이 또렷함.

一 厂 厂 厃 厤 厤 厤 厤 厤 厤 厤 厤 厤 歷 歷 歷

歷 歷 歷

園莽抽條 (원망추조)

동산에 우거진 풀들은 가지를 쭉쭉 뻗었다.

園
동산 원

- **公園**(공원) : 유원지 등의 사회 시설.
- **果樹園**(과수원) : 과실 나무를 심은 밭.

丨 冂 冂 冂 冏 冏 周 周 周 園 園 園 園

園 園 園

莽
풀 망

- **草莽**(초망) : ① 풀의 떨기. ② 풀숲.

一 十 卄 艹 芏 芦 荠 荬 莽 莽 莽

莽 莽 莽

抽
빼낼 추

- **抽出**(추출) : 뽑아 냄.
- **抽籤**(추첨) : 제비를 뽑음. 제비뽑기.

一 十 扌 扣 扣 扣 抽 抽

抽 抽 抽

條
가지 조

- **條件**(조건) : 어떤 일을 진행시키거나 성립시키기 위해 갖추어야 할 요소.

丿 亻 亻 仃 伩 依 俢 俢 條 條

條 條 條

枇杷晚翠(비파만취)

비파나무는 늦게까지 그 잎이 푸르나,

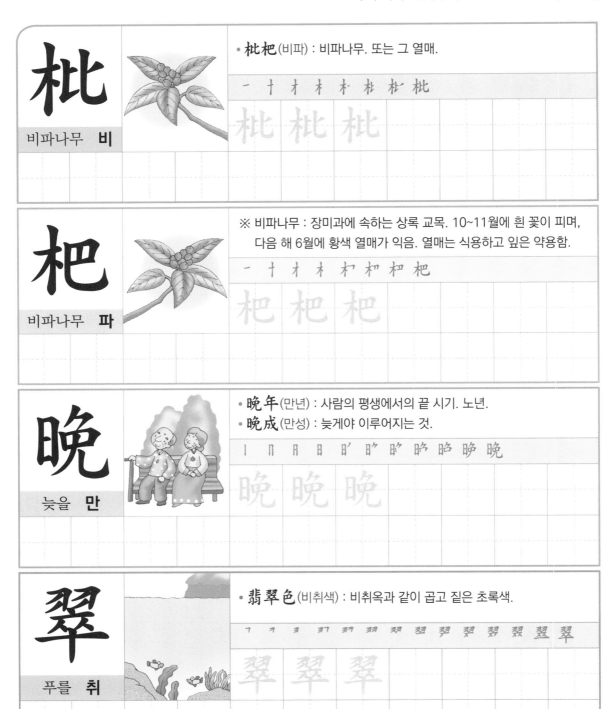

枇

비파나무 **비**

• **枇杷**(비파) : 비파나무. 또는 그 열매.

一 十 才 才 木 朴 材 枇

枇　枇　枇

杷

비파나무 **파**

※ 비파나무 : 장미과에 속하는 상록 교목. 10~11월에 흰 꽃이 피며, 다음 해 6월에 황색 열매가 익음. 열매는 식용하고 잎은 약용함.

一 十 才 才 扣 杷 杷 杷

杷　杷　杷

晩

늦을 **만**

• **晩年**(만년) : 사람의 평생에서의 끝 시기. 노년.
• **晩成**(만성) : 늦게야 이루어지는 것.

丨 冂 日 日 日 日' 日 昭 昭 晬 晚

晩　晩　晩

翠

푸를 **취**

• **翡翠色**(비취색) : 비취옥과 같이 곱고 짙은 초록색.

フ ヲ 汈 羽 羽 翌 翌 翌 翠 翠 翠 翠 翠 翠

翠　翠　翠

梧桐早凋 (오동조조)

오동나무는 가을이 오면 그 잎이 일찍 시들어 버린다.

• **梧桐**(오동) : 오동나무.

一 十 才 木 杧 桁 桁 梧 梧 梧 梧

梧 梧 梧

벽오동나무 오

※ 오동나무 : 현삼과의 낙엽 활엽 교목. 재목은 가볍고 고우며, 휘거나
트지 않아 거문고·장롱 등을 만듦. 정원수로 심음.

一 十 才 木 杧 机 桐 桐 桐 桐

桐 桐 桐

오동나무 동

• **早朝**(조조) : 이른 아침.
• **早晩**(조만) : 이름과 늦음.

丨 冂 冂 日 旦 早

早 早 早

이를 조

• **凋落**(조락) : ① 초목의 잎이 시들어 떨어지는 것. ② 차차 쇠하여
보잘것 없이 되는 것.

丶 冫 冫 氵 凋 凋 凋 凋 凋 凋

凋 凋 凋

시들 조

陳根委翳 (진근위예)

가을이 오면 고목의 뿌리는 시들어 말라 죽고,

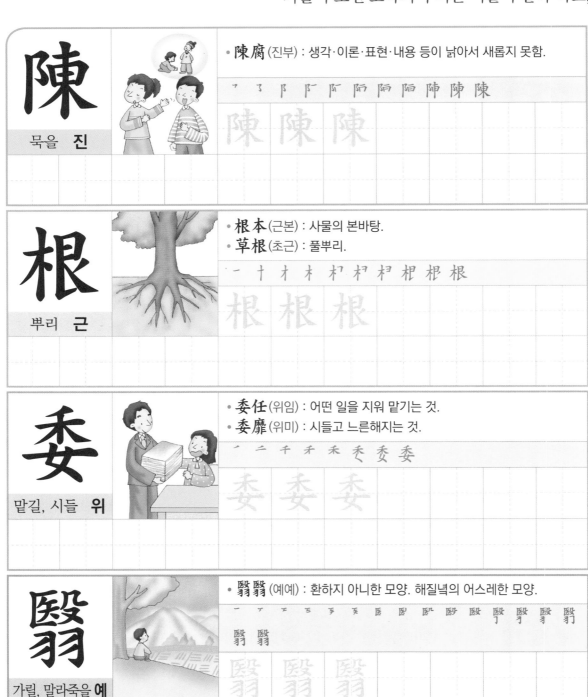

陳
묵을 진

• 陳腐 (진부) : 생각·이론·표현·내용 등이 낡아서 새롭지 못함.

```
フ 了 阝 阝 阝 阼 阼 阼 陌 陌 陳 陳 陳
```

陳 陳 陳

根
뿌리 근

• 根本 (근본) : 사물의 본바탕.
• 草根 (초근) : 풀뿌리.

```
一 十 才 木 木 杧 杧 杧 根 根 根
```

根 根 根

委
맡길, 시들 위

• 委任 (위임) : 어떤 일을 지워 맡기는 것.
• 委靡 (위미) : 시들고 느른해지는 것.

```
ノ 二 千 禾 禾 禾 秀 委 委
```

委 委 委

翳
가릴, 말라죽을 예

• 翳翳 (예예) : 환하지 아니한 모양. 해질녘의 어스레한 모양.

```
一 丂 丆 医 医 医 医 医 医 殹 殹 殹 殹 殹
殹 翳
```

翳 翳 翳

落葉飄飀(낙엽표요)

나뭇잎은 가지에서 떨어져 바람에 펄펄 나부낀다.

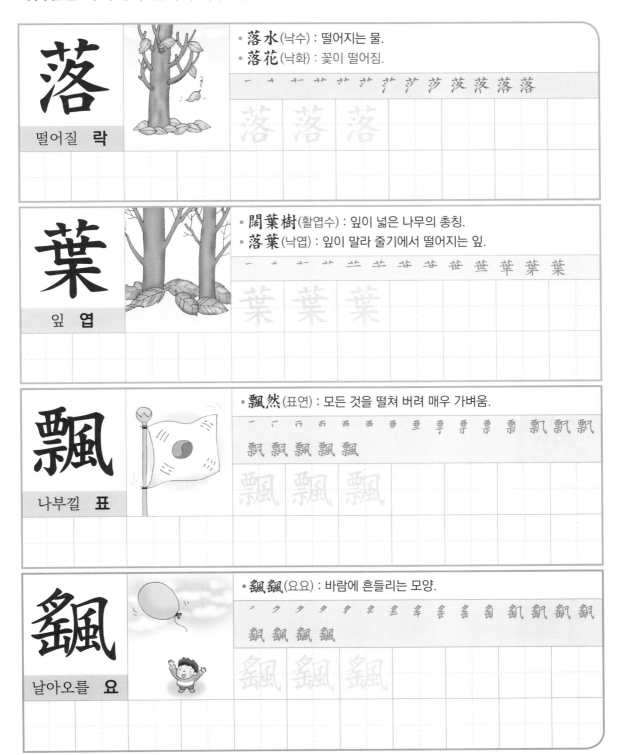

落		• 落水(낙수) : 떨어지는 물.
		• 落花(낙화) : 꽃이 떨어짐.
떨어질 **락**		一 十 十 卄 艹 茨 莎 茨 茨 茨 落 落 落

葉		• 闊葉樹(활엽수) : 잎이 넓은 나무의 총칭.
		• 落葉(낙엽) : 잎이 말라 줄기에서 떨어지는 잎.
잎 **엽**		一 十 十 卄 芏 苹 苹 苹 苹 苹 葉 葉 葉

飄		• 飄然(표연) : 모든 것을 떨쳐 버려 매우 가벼움.
		一 冂 冂 丙 两 两 西 覀 票 票 票 票 飘 飘 飘 飄 飄 飄 飄 飄
나부낄 **표**		

飀		• 飀飀(요요) : 바람에 흔들리는 모양.
		丿 ク ク タ タ タ 夅 夅 夅 夆 亃 亃 亃 亃 飀 飀 飀 飀
날아오를 **요**		

遊鵾獨運(유곤독운)

곤새가 홀로 자유로이 하늘을 나는데,

遊
놀 유

- **遊覽**(유람) : 돌아다니며 구경하는 것.
- **遊園地**(유원지) : 유람이나 오락을 위하여 여러 가지 설비를 한 곳.

丶 丶 亍 方 扩 扩 扩 莎 莎 游 游 游 遊

遊 遊 遊

鵾
곤새 곤

※곤새 : 크기가 엄청나게 큰 상상의 새임.

丶 丨 冂 日 日 旦 昆 昆 昆 鵾 鵾 鵾 鵾 鵾 鵾
鵾 鵾 鵾 鵾

鵾 鵾 鵾

獨
홀로 독

- **李花**(이화) : 자두나무의 꽃.
- **桃李**(도리) : 복숭아와 자두. 또는 그 꽃이나 열매.

丿 犭 犭 犭 犭 犷 犷 犷 犸 犸 獨 獨 獨 獨 獨 獨

獨 獨 獨

運
움직일 운

- **運動**(운동) : 물체나 몸의 움직임.
- **運搬**(운반) : 탈것 따위에 실어서 옮겨 나르는 것.

丶 冖 冖 冂 戸 戸 戸 昌 冒 軍 軍 運 運 運

運 運 運

凌摩絳霄 (능마강소)

붉게 물든 드넓은 하늘을 업신여기듯 힘차게 난다.

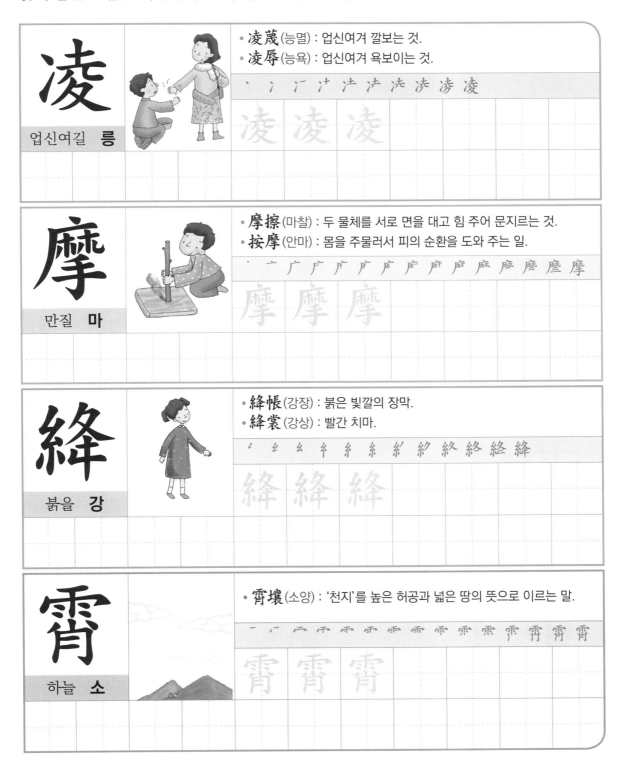

凌 업신여길 **릉**

- 凌蔑(능멸) : 업신여겨 깔보는 것.
- 凌辱(능욕) : 업신여겨 욕보이는 것.

丶 冫 冫 沣 浐 浐 浐 凌 凌 凌

凌 凌 凌

摩 만질 **마**

- 摩擦(마찰) : 두 물체를 서로 면을 대고 힘 주어 문지르는 것.
- 按摩(안마) : 몸을 주물러서 피의 순환을 도와 주는 일.

丶 亠 广 广 广 庁 庁 庁 麻 麻 麻 麻 摩 摩 摩

摩 摩 摩

絳 붉을 **강**

- 絳帳(강장) : 붉은 빛깔의 장막.
- 絳裳(강상) : 빨간 치마.

么 幺 幺 幺 糸 糸 糹 紁 紁 絡 終 終 絳

絳 絳 絳

霄 하늘 **소**

- 霄壤(소양) : '천지'를 높은 허공과 넓은 땅의 뜻으로 이르는 말.

一 厂 厅 币 币 雨 雨 雨 霄 霄 霄 霄 霄 霄 霄

霄 霄 霄

耽讀翫市 (탐독완시)

한나라의 왕충은 글읽기를 즐겨 시장의 서점에서도 읽었으며,

耽 즐길 **탐**		• **耽讀**(탐독) : 어떤 글이나 책을 특별히 즐겨 읽는 것. • **耽溺**(탐닉) : 어떤 일을 몹시 즐겨 거기에 빠짐. 一 丆 Ｆ Ｆ Ｆ 耳 耳 耶 耽 耽

讀 읽을 **독**		• **讀書**(독서) : 책을 읽음. 丶 亠 亠 言 言 言 言 計 計 詰 讀 讀 讀 讀 讀 讀 讀 讀 讀 讀 讀

翫 가지고놀 **완**		• **翫物**(완물) : 장난감. 완구(玩具). 二 丰 王 王 玗 玗 玩 玩 翫 翫 翫 翫 翫 翫 翫

市 저자 **시**		• **市場**(시장) : 여러 가지 물건을 사고 파는 장소. • **市民**(시민) : 도시에 사는 사람. 丶 亠 宁 宁 市 市

寓目囊箱 (우목낭상)

글을 한 번 보면 잊지 않아 글을 주머니나 상자에 넣어 둔 것과 같다고 하였다.

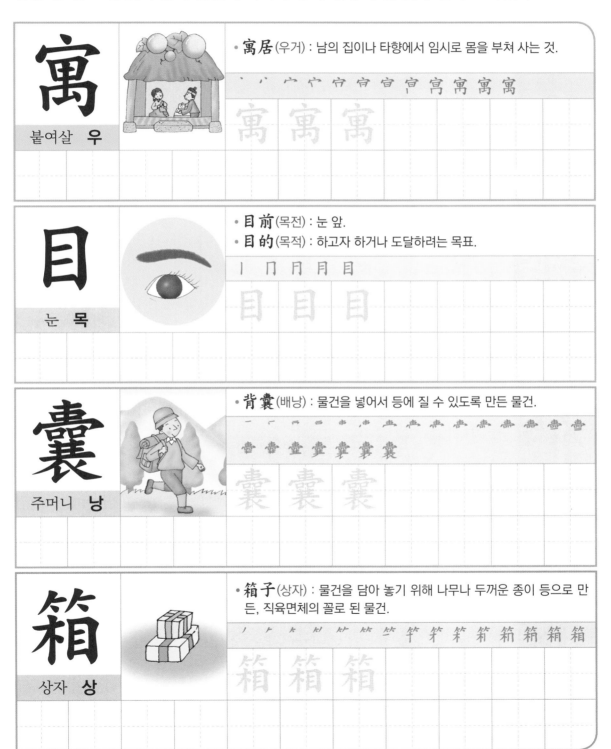

寓 붙여살 우

• 寓居(우거) : 남의 집이나 타향에서 임시로 몸을 부쳐 사는 것.

丶 丶 宀 宀 宀 宁 宮 宮 宮 寓 寓 寓

寓 寓 寓

目 눈 목

• 目前(목전) : 눈 앞.
• 目的(목적) : 하고자 하거나 도달하려는 목표.

丨 冂 冂 目 目

目 目 目

囊 주머니 낭

• 背囊(배낭) : 물건을 넣어서 등에 질 수 있도록 만든 물건.

一 冖 冖 冖 由 由 由 亩 亩 亩 亩 亩 亩 亩
囊 囊 壼 囊 囊 囊 囊

囊 囊 囊

箱 상자 상

• 箱子(상자) : 물건을 담아 놓기 위해 나무나 두꺼운 종이 등으로 만든, 직육면체의 꼴로 된 물건.

丿 𠂉 𥫗 𥫗 𥫗 𥫗 竺 竺 笁 筘 箝 箱 箱 箱

箱 箱 箱

易輶攸畏 (이유유외)

쉽고 가벼운 일이라도 조심하여 두려워해야 하며,

易

쉬울 **이**

- **容易**(용이) : 퍽 쉬움.
- **難易**(난이) : 어려움과 쉬움.

丨 冂 冃 日 戸 巪 炅 易 易

易 易 易

輶

가벼울 **유**

- **輶車**(유차) : 가벼운 수레.

一 ㄤ 百 百 百 亘 車 車 軒 軒 軒 斬 斬 輶 輶 輶

輶 輶 輶

攸

바 **유**

- **攸然**(유연) : ① 빨리 달리는 모양. ② 침착하고 여유 있는 모양.

丿 亻 亻 亻 攸 攸 攸

攸 攸 攸

畏

두려워할 **외**

- **敬畏**(경외) : 공경하고 두려워하는 것.
- **畏友**(외우) : 가장 아껴 존경하는 친구.

丨 冂 冃 田 田 甲 里 畏 畏

畏 畏 畏

屬耳垣牆 (속이원장)

담에도 귀가 있다는 말과 같이 함부로 말해서는 안 된다.

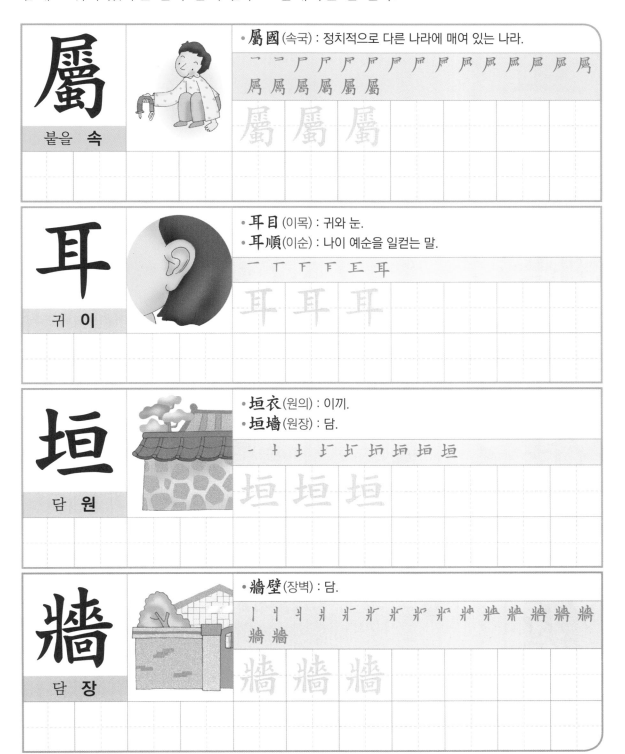

屬
붙을 속

• 屬國(속국) : 정치적으로 다른 나라에 매여 있는 나라.

一 コ ア ア ア ア ア ア ア 屢 屢 屢 屢 屢 屬 屬 屬 屬 屬 屬

屬 屬 屬

耳
귀 이

• 耳目(이목) : 귀와 눈.
• 耳順(이순) : 나이 예순을 일컫는 말.

一 丁 下 下 王 耳

耳 耳 耳

垣
담 원

• 垣衣(원의) : 이끼.
• 垣墻(원장) : 담.

一 十 土 圹 圹 垣 垣 垣 垣

垣 垣 垣

牆
담 장

• 牆壁(장벽) : 담.

丨 刂 爿 爿 爿 爿 爿 爿 牂 牂 牂 牆 牆 牆 牆 牆

牆 牆 牆

具膳湌飯(구선손반)

반찬을 갖추고 밥을 먹으니,

具
갖출 **구**

- **具備**(구비) : 필요한 물건이나 내용 등을 빠짐없이 갖추는 것.
- **用具**(용구) : 무엇을 하거나 만드는 데 쓰는 여러 가지 도구.

丨	冂	冂	目	目	且	具	具	具

具 具 具

膳
반찬 **선**

- **膳服**(선복) : 음식과 의복.
- **膳夫**(선부) : 요리를 만드는 사람.

丿	刀	月	月	月	肵	肸	胪	胪	脏	胖	膳	膳	膳	膳

膳 膳 膳

湌
저녁밥 **손**

- **湌饔**(손옹) : 저녁밥과 아침밥.

`	丶	丷	丷	冹	冹	冷	冷	冷	湌	湌	湌

湌 湌 湌

飯
밥 **반**

- **飯饌**(반찬) : 밥에 곁들여 먹는 여러 가지 음식.
- **飯酒**(반주) : 밥을 먹을 때 곁들여 마시는 술.

丿	产	尸	午	今	刍	角	角	育	刍	飣	飯	飯

飯 飯 飯

適口充腸(적구충장)

훌륭한 음식이 아니더라도 입에 맞으면 배를 채운다.

適 맞을 적

- **適合**(적합) : 어떤 조건이나 정도 등에 꼭 들어맞는 상태.
- **最適**(최적) : 가장 적당하거나 적합한 것.

丶 宀 宀 宀 产 产 商 商 商 商 商 `商 商 適 適 適

適 適 適

口 입 구

- **食口**(식구) : 한 집에 살며 끼니를 같이하는 사람.
- **入口**(입구) : 들어가는 문이나 어귀.

丨 冂 口

口 口 口

充 채울 충

- **充分**(충분) : 분량이 모자람이 없이 넉넉함.
- **充足**(충족) : 넉넉하게 채움.

丶 宀 云 云 产 充

充 充 充

腸 창자 장

- **胃腸**(위장) : 위와 장.
- **大腸**(대장) : 소장에 이어 항문에서 끝나는 소화관. 큰창자.

丿 刀 月 月 月 肝 肝 肥 胛 腭 腭 腸 腸

腸 腸 腸

飽飫烹宰 (포어팽재)

배가 부를 때에는 아무리 좋은 음식이라도 그 맛을 모르지만,

飽 배부를 **포**

- **飽食**(포식) : 배부르게 먹는 것.
- **飽滿**(포만) : 양이 꽉 차서 가득함.

丿 亻 亽 亽 亽 亼 刍 刍 刍 刍 鉤 鉤 鉤 飽

飽 飽 飽

飫 배부를 **어**

- **飫聞**(어문) : 듣기 싫도록 여러 번 들음.

丿 亻 亽 亽 亽 亼 刍 刍 刍 飠 飠 飫 飫

飫 飫 飫

烹 삶을 **팽**

- **烹茶**(팽다) : 차를 달임.
- **烹宰**(팽재) : 음식을 요리함.

丶 亠 宀 市 古 亨 亨 亨 烹 烹

烹 烹 烹

宰 재상 **재**

- **宰相**(재상) : 임금을 돕고 모든 관원을 지휘·감독하는 2품 이상 벼슬자리의 총칭. 또는 그 자리에 있는 사람.

丶 丶 宀 宀 宀 宋 宋 宰 宰 宰

宰 宰 宰

飢厭糟糠 (기염조강)

배가 고플 때에는 겨와 지게미라도 맛이 있다.

주릴 기

- **飢渴**(기갈) : 배고픔과 목마름.
- **飢寒**(기한) : 배고프고 추운 상태.

丿 刀 刃 刍 刍 刍 刍 刍 刍 刍 飢

飢 飢 飢

厭

싫을 염

- **厭世**(염세) : 세상이나 인생을 괴롭게 여기고 싫증을 내는 것.
- **厭忌**(염기) : 싫어하고 꺼리는 것.

一 厂 厂 厂 厂 厂 厌 厌 厌 厌 厌 厌 厭 厭

厭 厭 厭

糟

지게미 조

- **糟糠**(조강) : '지게미와 쌀겨'라는 뜻으로, 가난한 사람들이 먹는 변변하지 못한 음식.

丶 丷 半 半 米 米 米 米 米 糟 糟 糟 糟 糟

糟 糟 糟

糠

겨 강

- **糠秕**(강비) : 겨와 쭉정이. 가치 없는 사물의 비유.

丶 丷 半 半 米 米 米 米 米 米 米 米 糠 糠 糠
糠 糠

糠 糠 糠

親戚故舊 (친척고구)

친척이나 옛 친구를 대접할 때에는,

親		• 親交(친교) : 친밀히 사귐. • 親書(친서) : 손수 쓴 글.

친할 **친**

` ` ⺊ ⺊ ⺊ ⺊ ⺊ ⺊ 辛 亲 亲 新 新 新 親 親 親

親　親　親

戚	• 親戚(친척) : 친족과 외척. • 姻戚(인척) : 혼인 관계를 통하여 이루어지는 친척.

겨레 **척**

丿 厂 厂 厂 厂 厃 厈 戌 戌 戚 戚

戚　戚　戚

故		• 無故(무고) : ① 연고가 없음. ② 사고 없이 평안함. • 故舊(고구) : 사귄 지 오랜 친구.

연고 **고**

一 十 十 古 古 古 古 故 故

故　故　故

舊	• 舊面(구면) : 이전부터 알고 있는 사람. • 舊式(구식) : 옛 양식이나 방식.

옛 **구**

` ` ⺾ ⺾ ⺾ 芢 芢 芢 萑 萑 萑 舊 舊 舊 舊 舊 舊

舊　舊　舊

老少異糧 (노소이량)

늙은이와 젊은이에 따라서 음식을 달리 해야 한다.

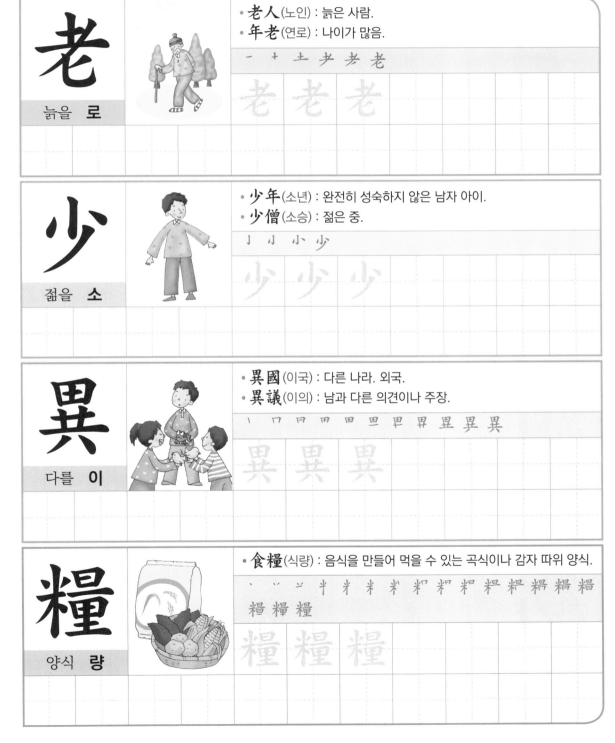

老		• 老人 (노인) : 늙은 사람.
늙을 로		• 年老 (연로) : 나이가 많음.

一 十 土 耂 耂 老

老 老 老

少		• 少年 (소년) : 완전히 성숙하지 않은 남자 아이.
젊을 소		• 少僧 (소승) : 젊은 중.

⺌ 小 小 少

少 少 少

異		• 異國 (이국) : 다른 나라. 외국.
다를 이		• 異議 (이의) : 남과 다른 의견이나 주장.

丶 ⼝ ⼝ 田 田 甲 異 異 異 異

異 異 異

糧		• 食糧 (식량) : 음식을 만들어 먹을 수 있는 곡식이나 감자 따위 양식.
양식 량		

丶 丶 ⺍ ⺶ ⺶ 米 米 籵 籵 籵 糧 糧 糧 糧

糧 糧 糧

糧 糧 糧

妾御績紡(첩어적방)

아내는 집안에서는 길쌈에 힘쓰고,

妾 첩 첩

- 妾室(첩실) : '첩'을 점잖게 이르는 말.
- 妾子(첩자) : 첩이 낳은 자식. 서자.

`丶 亠 亠 ㅗ 立 产 妾 妾`

妾 妾 妾

御 모실 어

- 御命(어명) : 임금의 명령.
- 御前(어전) : 임금의 앞.

`ノ ノ ㇔ 彳 彳 牪 牪 徉 徉 徍 御 御`

御 御 御

績 길쌈 적

- 績紡(적방) : 실을 잣고 베를 짬. 길쌈함.

`ㄥ ㄠ 幺 糸 糸 糸 紀 紅 結 結 績 績 績 績 績 績`

績 績 績

紡 길쌈 방

- 紡織(방직) : 기계를 사용하여 실을 날아서 피륙을 짜는 것.

`ㄥ ㄠ 幺 糸 糸 糸 紀 紆 紡`

紡 紡 紡

侍巾帷房(시건유방)

안방에서는 수건을 받들며 남편을 섬겨야 한다.

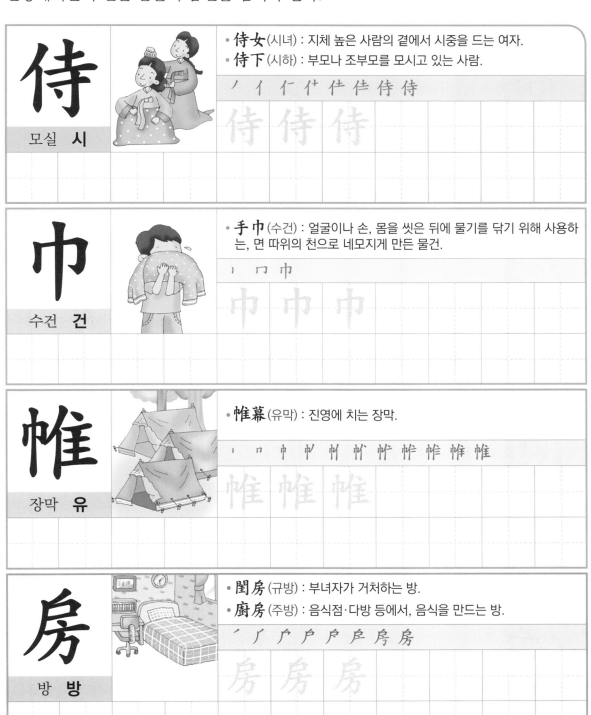

侍

모실 **시**

- **侍女**(시녀) : 지체 높은 사람의 곁에서 시중을 드는 여자.
- **侍下**(시하) : 부모나 조부모를 모시고 있는 사람.

丿 亻 亻 亻 侍 侍 侍 侍

侍 侍 侍

巾

수건 **건**

- **手巾**(수건) : 얼굴이나 손, 몸을 씻은 뒤에 물기를 닦기 위해 사용하는, 면 따위의 천으로 네모지게 만든 물건.

丨 冂 巾

巾 巾 巾

帷

장막 **유**

- **帷幕**(유막) : 진영에 치는 장막.

丨 冂 巾 忄 忄 忄 忄 忄 帷 帷

帷 帷 帷

房

방 **방**

- **閨房**(규방) : 부녀자가 거처하는 방.
- **廚房**(주방) : 음식점·다방 등에서, 음식을 만드는 방.

丶 ﹁ 厂 尸 尸 戶 房 房

房 房 房

紈扇圓潔 (환선원결)

흰 비단으로 만든 부채는 둥글고 깨끗하며,

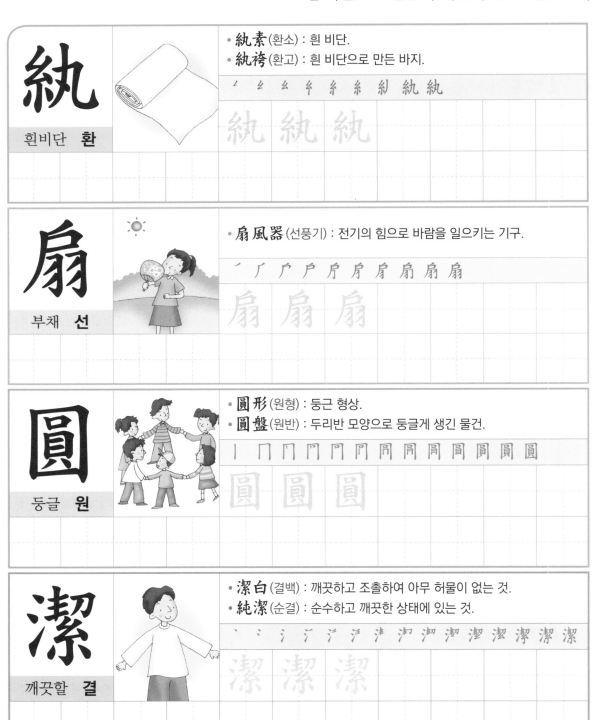

紈 흰비단 환

- **紈素**(환소) : 흰 비단.
- **紈袴**(환고) : 흰 비단으로 만든 바지.

` ⺄ ⺄ ⺀ ⺀ 糸 糸 紆 紈 紈

紈 紈 紈

扇 부채 선

- **扇風器**(선풍기) : 전기의 힘으로 바람을 일으키는 기구.

` ⼁ ⼚ ⼫ 户 户 扂 扂 扇 扇 扇

扇 扇 扇

圓 둥글 원

- **圓形**(원형) : 둥근 형상.
- **圓盤**(원반) : 두리반 모양으로 둥글게 생긴 물건.

⼁ 冂 冂 冋 冋 冒 圓 圓 圓 圓 圓 圓 圓

圓 圓 圓

潔 깨끗할 결

- **潔白**(결백) : 깨끗하고 조촐하여 아무 허물이 없는 것.
- **純潔**(순결) : 순수하고 깨끗한 상태에 있는 것.

` ⼃ ⼃ 氵 汀 汀 沣 津 潔 潔 潔 潔 潔 潔

潔 潔 潔

銀燭煒煌 (은촉위황)

은 촛대의 촛불은 그 빛이 휘황찬란하다.

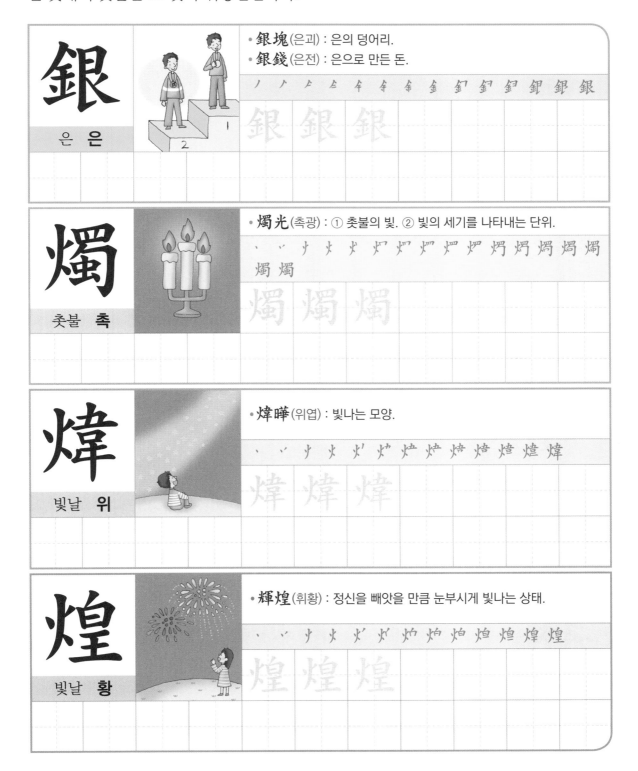

銀
은 은

- **銀塊**(은괴) : 은의 덩어리.
- **銀錢**(은전) : 은으로 만든 돈.

丿 丿 丨 仨 仨 生 牟 牟 金 釘 釘 釘 鈤 鈤 銀 銀

銀 銀 銀

燭
촛불 촉

- **燭光**(촉광) : ① 촛불의 빛. ② 빛의 세기를 나타내는 단위.

丶 丶 丿 丬 丬 灯 灯 灯 灯 灯 焖 焖 焖 燭 燭
燭 燭

燭 燭 燭

煒
빛날 위

- **煒曄**(위엽) : 빛나는 모양.

丶 丶 丿 丬 火 灯 灯 炉 炉 焆 煒 煒 煒

煒 煒 煒

煌
빛날 황

- **輝煌**(휘황) : 정신을 빼앗을 만큼 눈부시게 빛나는 상태.

丶 丶 丿 丬 火 灯 灯 炉 炉 炉 煌 煌 煌

煌 煌 煌

낮에 낮잠 자고 밤에 일찍 자니 한가한 사람의 일이며,

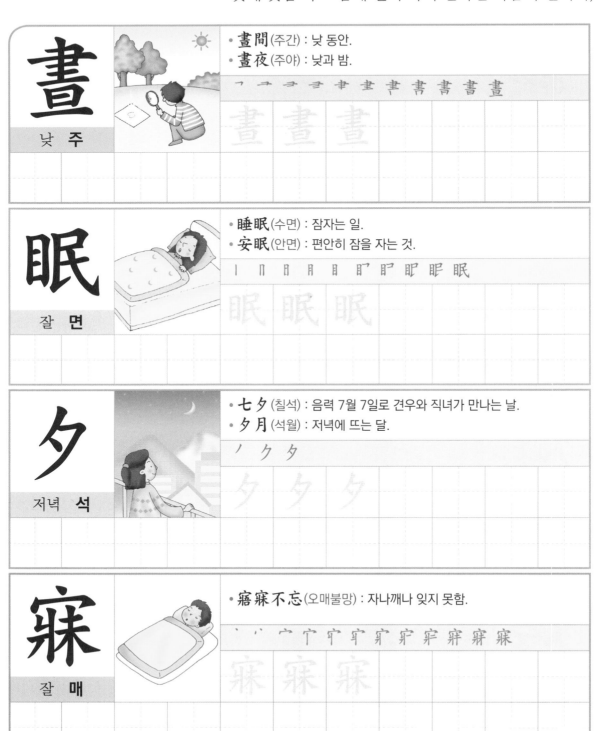

晝
낮 주

- **晝間**(주간) : 낮 동안.
- **晝夜**(주야) : 낮과 밤.

一 一 コ ヨ ヨ 聿 聿 書 書 書 書

眠
잘 면

- **睡眠**(수면) : 잠자는 일.
- **安眠**(안면) : 편안히 잠을 자는 것.

｜ 冂 月 月 日 目 眂 眠 眠 眠

夕
저녁 석

- **七夕**(칠석) : 음력 7월 7일로 견우와 직녀가 만나는 날.
- **夕月**(석월) : 저녁에 뜨는 달.

丿 夕 夕

寐
잘 매

- **寤寐不忘**(오매불망) : 자나깨나 잊지 못함.

丶 丶 宀 宀 宀 宀 牢 牢 牢 寐 寐 寐

218

藍 筍 象 床 (남순상상)

푸른 대로 짠 자리와 상아로 꾸미니 한가한 사람의 침상이다.

藍

쪽 람

• 藍色(남색) : 청색에 검정이 섞인 색.

一 十 卄 艹 芢 芢 茈 茈 茈 茈 茈 藍 藍 藍
藍 藍 藍

藍　藍　藍

筍

죽순 순

• 竹筍(죽순) : 대의 땅속 줄기에서 돋아나는 어린싹.
• 筍蕨(순궐) : 죽순과 고사리.

丿 ⺮ ⺮ 竻 竻 笱 笱 笱 笱 筍 筍
筍　筍　筍

象

코끼리 상

• 象牙(상아) : 코끼리의 위턱에 나서 입 밖으로 길게 뻗어 나온 두 개의 엄니.

丿 ⺈ ⺈ 色 色 色 多 多 象 象 象
象　象　象

床

평상 상

• 起床(기상) : 잠자리에서 일어나는 것.
• 寢床(침상) : 누워 잘 수 있게 만든 평상.

丶 亠 广 广 床 床 床
床 床 床

絃歌酒讌 (현가주연)

거문고를 타며 술과 노래로 잔치하니,

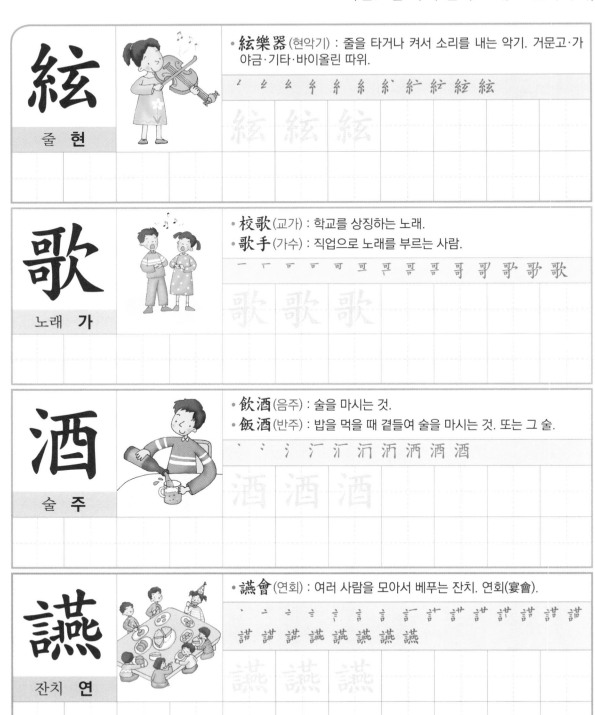

絃
줄 현

- **絃樂器** (현악기) : 줄을 타거나 켜서 소리를 내는 악기. 거문고·가야금·기타·바이올린 따위.

` ‹ ‹‹ ‹‹ 幺 糸 糸 糸 幺 紵 紵 絃 絃

歌
노래 가

- **校歌** (교가) : 학교를 상징하는 노래.
- **歌手** (가수) : 직업으로 노래를 부르는 사람.

一 冖 冖 冖 可 可 哥 哥 哥 哥 歌 歌 歌

酒
술 주

- **飮酒** (음주) : 술을 마시는 것.
- **飯酒** (반주) : 밥을 먹을 때 곁들여 술을 마시는 것. 또는 그 술.

` ‹ 氵 氵 沪 沪 沔 洒 酒 酒 酒

讌
잔치 연

- **讌會** (연회) : 여러 사람을 모아서 베푸는 잔치. 연회(宴會).

` 亠 亠 亖 言 言 言 訇 訇 訒 訒 訒 譜 譜 譜 譜 譜 譜 譜 譜 讌

接杯擧觴(접배거상)

크고 작은 술잔을 서로 주고받으며 즐긴다.

接

이을 **접**

- **隣接**(인접) : 이웃하여 있거나 옆에 닿아 있는 일.
- **面接**(면접) : 서로 대면하여 만나 보는 것.

一 亅 扌 扩 扩 扩 护 护 挼 接 接

接 接 接

杯

잔 **배**

- **乾杯**(건배) : 술잔을 여럿이 같이 들어 서로의 건강이나 발전, 행복 등을 빌면서 잔의 술을 다 마시는 것.

一 十 才 木 杧 杯 杯 杯

杯 杯 杯

擧

들 **거**

- **擧手**(거수) : 손을 위로 듦.
- **擧動**(거동) : 행동하는 짓이나 태도.

' ′ ′′ ′′′ ′′′′ ′′′′ 卽 卽 舁 舁 舁 與 與 與 舉 舉 擧

擧 擧 擧

觴

잔 **상**

- **觴詠**(상영) : 술을 마시며 시가를 읊음.

' ′′ 广 角 角 角 角 角 舯 舯 觴 觴 觴 觴 觴
觴 觴 觴

觴 觴 觴

矯手頓足 (교수돈족)

손을 들고 발을 구르며 춤을 추니,

바로잡을 교

• **矯正**(교정) : 틀어지거나 굽은 것을 곧게 바로잡는 것.

矯 矯 矯

손 수

• **手工**(수공) : 손으로 하는 공예.
• **握手**(악수) : 서로 손을 마주 잡음.

一 二 三 手

手 手 手

조아릴 돈

• **頓首**(돈수) : 머리가 땅에 닿도록 절을 함.

頓 頓 頓

발 족

• **手足**(수족) : ① 손발. ② 손발처럼 마음대로 부리는 사람.
• **足跡**(족적) : ① 발자국. ② 겪거나 지내 온 일의 자취.

足 足 足

悅豫且康 (열예차강)

마음은 기쁘고 즐거우며 가정은 편안하다.

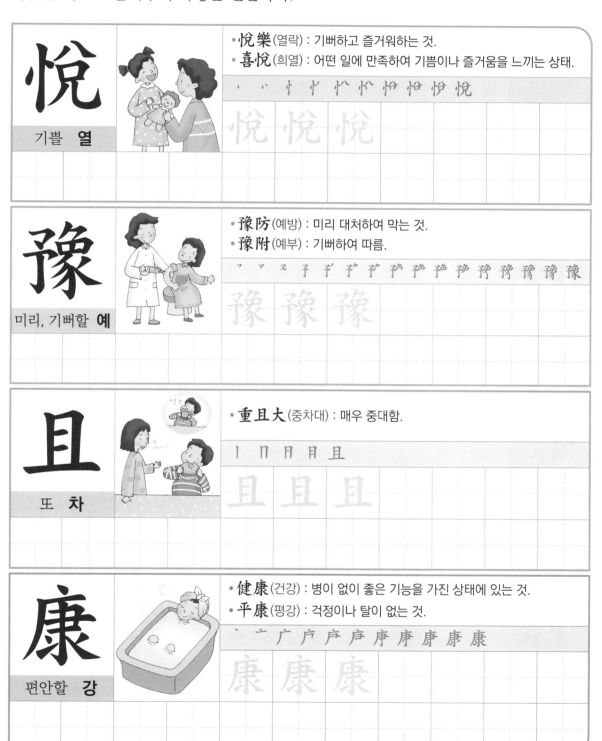

悅
기쁠 **열**

- **悅樂**(열락) : 기뻐하고 즐거워하는 것.
- **喜悅**(희열) : 어떤 일에 만족하여 기쁨이나 즐거움을 느끼는 상태.

丶 丶 忄 忄 忄 忄 忄 怊 怊 怊 悅

悅 悅 悅

豫
미리, 기뻐할 **예**

- **豫防**(예방) : 미리 대처하여 막는 것.
- **豫附**(예부) : 기뻐하여 따름.

フ マ ヌ 予 予 予 矛 矛 矛 矛 矛 豫 豫 豫 豫 豫

豫 豫 豫

且
또 **차**

- **重且大**(중차대) : 매우 중대함.

丨 冂 月 目 且

且 且 且

康
편안할 **강**

- **健康**(건강) : 병이 없이 좋은 기능을 가진 상태에 있는 것.
- **平康**(평강) : 걱정이나 탈이 없는 것.

丶 亠 广 庐 庐 庐 序 唐 庚 康 康

康 康 康

嫡後嗣續 (적후사속)

적실에서 낳은 자식으로 대를 잇고,

嫡

정실 **적**

- **嫡室**(적실) : 본처.
- **嫡子**(적자) : 정실이 낳은 아들.

丿 乀 女 女 女 妒 妒 妒 妒 嫡 嫡 嫡 嫡 嫡

嫡 嫡 嫡

後

뒤 **후**

- **後門**(후문) : 뒤쪽에 있는 문.
- **食後**(식후) : 밥을 먹은 뒤.

丿 ㇒ 彳 彳 彳 彳 徉 徉 後 後

後 後 後

嗣

이을 **사**

- **後嗣**(후사) : 대를 이을 아들.

丶 丷 口 口 尸 尸 尸 冎 冎 嗣 嗣 嗣 嗣 嗣

嗣 嗣 嗣

續

이을 **속**

- **續出**(속출) : 잇달아 생기는 것.

丿 幺 幺 牟 牟 糸 糸 紆 紆 結 結 結 結 績
績 績 績 續 續 續

續 續 續

祭祀蒸嘗 (제사증상)

제사를 지내되 겨울 제사는 증이라 하고 가을 제사는 상이라 한다.

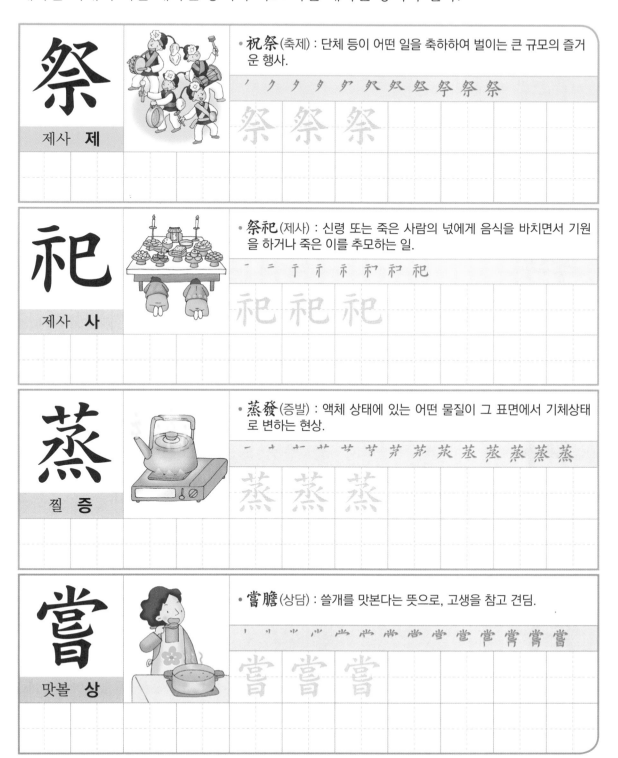

祭
제사 **제**

• 祝祭(축제) : 단체 등이 어떤 일을 축하하여 벌이는 큰 규모의 즐거운 행사.

丶 ク 夕 夕 夗 夗 奴 奴 奴 终 祭 祭

祭 祭 祭

祀
제사 **사**

• 祭祀(제사) : 신령 또는 죽은 사람의 넋에게 음식을 바치면서 기원을 하거나 죽은 이를 추모하는 일.

一 二 亍 示 示 祀 祀 祀

祀 祀 祀

蒸
찔 **증**

• 蒸發(증발) : 액체 상태에 있는 어떤 물질이 그 표면에서 기체상태로 변하는 현상.

一 十 艹 艹 艹 苫 芲 茏 茏 莁 蒸 蒸 蒸

蒸 蒸 蒸

嘗
맛볼 **상**

• 嘗膽(상담) : 쓸개를 맛본다는 뜻으로, 고생을 참고 견딤.

丶 丷 丷 丷 丱 丱 尚 尚 尚 尚 堂 嘗 嘗 嘗

嘗 嘗 嘗

110일차 稽顙再拜(계상재배)

조상에게 이마를 조아려 두 번 절하며,

稽

조아릴 **계**

- **果實**(과실) : 먹을 수 있는 열매.
- **成果**(성과) : 이루어 낸 결실.

丿 亻 千 禾 禾 禾 秆 秆 秆 秸 稊 稊 稽 稽 稽

稽 稽 稽

顙

이마 **상**

- **顙汗**(상한) : 이마의 땀.

フ ス ヌ 子 子 叒 叒 叒 桑 桑 桑 桑 顙 顙

顙 顙 顙 顙

顙 顙 顙

再

두, 다시 **재**

- **再婚**(재혼) : 두 번째의 혼인.
- **再會**(재회) : 다시 모이거나 만남.

一 厂 厅 丏 丏 再 再

再 再 再

拜

절 **배**

- **拜禮**(배례) : 절하는 예. 또는 절하여 예를 갖추는 것.

ノ 二 三 手 手 手 丰 拜 拜

拜 拜 拜

悚懼恐惶 (송구공황)

송구해하고 황송해하니 공경함이 지극하다.

悚

두려워할 **송**

- **悚懼**(송구) : 두려워서 마음이 몹시 거북함.
- **惶悚**(황송) : 분에 넘쳐 고맙고도 송구함.

丶 丶 忄 忄 忄 忉 忉 忸 悚 悚

悚 悚 悚

懼

두려워할 **구**

- **畏懼**(외구) : 무서워하고 두려워하는 것.

丶 丶 忄 忄 忄 忄 忄 忄 忄 忄 忄 忄 忄
懼 懼 懼 懼 懼 懼

懼 懼 懼

恐

두려울 **공**

- **恐怖**(공포) : 위협을 당하거나 위험에 빠지거나 하여 두려워하게 되는 마음의 상태.

一 丁 I 卫 卫 邛 巩 巩 恐 恐 恐

恐 恐 恐

惶

두려워할 **황**

- **惶恐**(황공) : 분에 넘쳐 두려움. 또는 대하기가 어렵고 두려움.

丶 丶 忄 忄 忄 忄 忄 忸 忸 惶 惶 惶 惶

惶 惶 惶

牋牒簡要(전첩간요)

글이나 편지는 간략하게 요점만 쓰고,

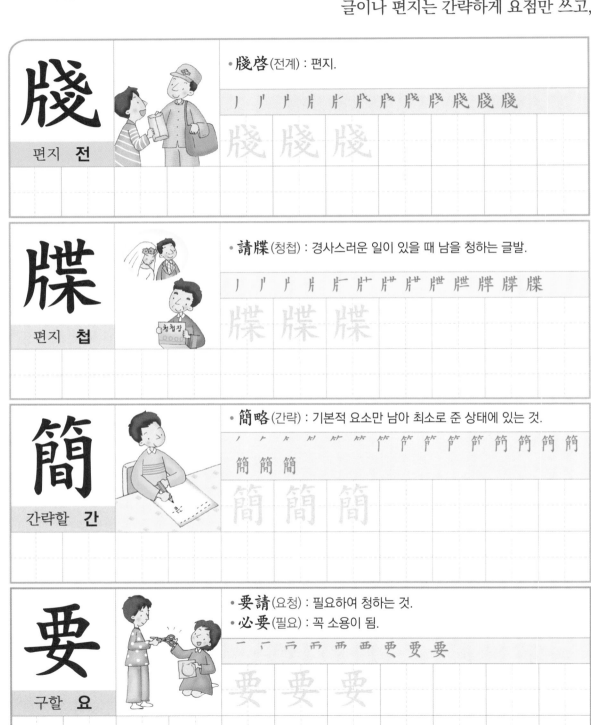

牋
편지 **전**

• **牋啓**(전계) : 편지.

丿 丿' 丿' 丬 丬 丬 丬 丬 丬 丬 丬 丬

牋 牋 牋

牒
편지 **첩**

• **請牒**(청첩) : 경사스러운 일이 있을 때 남을 청하는 글발.

丿 丿' 丿' 丬 丬 丬 丬 丬 丬 丬 丬 丬 丬

牒 牒 牒

簡
간략할 **간**

• **簡略**(간략) : 기본적 요소만 남아 최소로 준 상태에 있는 것.

丿 ト ト ナ 竹 竹 竹 竹 竹 竹 竹 箭 節 箭 簡 簡

簡 簡 簡

簡 簡 簡

要
구할 **요**

• **要請**(요청) : 필요하여 청하는 것.
• **必要**(필요) : 꼭 소용이 됨.

一 一 一 两 两 西 西 要 要 要

要 要 要

顧答審詳(고답심상)

돌아보고 대답할 때에는 잘 생각하고 살펴서 자세하게 해야 한다.

顧
돌아볼 **고**

- **顧客**(고객) : 단골 손님.

´ ㄏ ㄏ ㄏ ㄏ ㄏ ㄏ ㄏ ㄏ ㄏ ㄏ ㄏ 雇 雇 雇 雇
顧 顧 顧 顧 顧 顧

答
대답 **답**

- **名答**(명답) : 격에 들어맞게 썩 잘한 답.
- **問答**(문답) : 물음과 대답.

ノ ト ヒ ヒ ゲ 竹 竹 竹 竺 竺 答 答

審
살필 **심**

- **審査**(심사) : 자세히 조사하는 것.
- **審議**(심의) : 심사하고 토의하는 것.

´ ゛ 宀 宀 宀 宀 空 空 宍 宍 寀 審 審 審

詳
자세할 **상**

- **詳細**(상세) : 내용에 있어서 작은 부분에까지도 분명하게 밝혀주는 상태.

´ ㇐ ㇐ ㇐ ㇐ 言 言 言 計 計 計 詳 詳

骸垢想浴 (해구상욕)

몸에 때가 끼면 목욕하기를 생각하고,

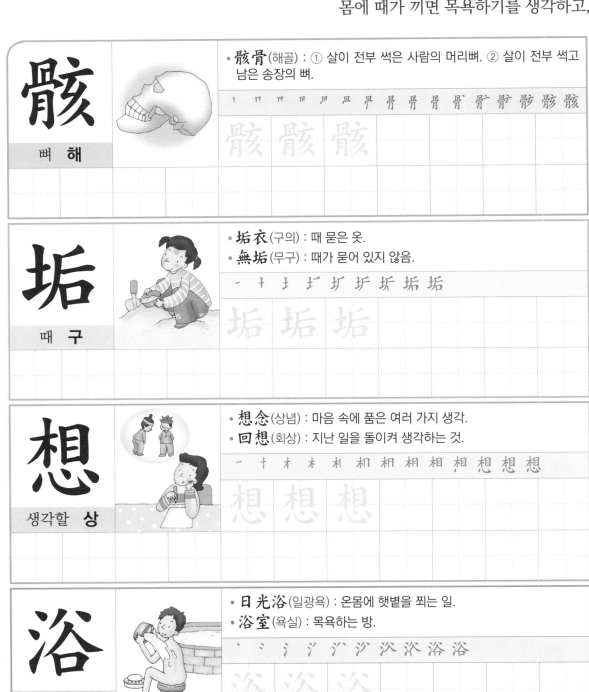

骸 뼈 해

• **骸骨**(해골) : ① 살이 전부 썩은 사람의 머리뼈. ② 살이 전부 썩고 남은 송장의 뼈.

丨 冂 冃 冃 冎 丹 丹 骨 骨 骨 骨 骨 骸 骸 骸 骸

骸 骸 骸

垢 때 구

• **垢衣**(구의) : 때 묻은 옷.
• **無垢**(무구) : 때가 묻어 있지 않음.

一 十 土 圵 圹 圻 坏 垢 垢

垢 垢 垢

想 생각할 상

• **想念**(상념) : 마음 속에 품은 여러 가지 생각.
• **回想**(회상) : 지난 일을 돌이켜 생각하는 것.

一 十 才 木 机 机 相 相 相 相 想 想 想

想 想 想

浴 목욕할 욕

• **日光浴**(일광욕) : 온몸에 햇볕을 쬐는 일.
• **浴室**(욕실) : 목욕하는 방.

丶 冫 氵 氵 汄 汵 汵 浴 浴 浴

浴 浴 浴

執熱願凉 (집열원량)

뜨거운 것을 잡으면 서늘한 것을 생각하게 된다.

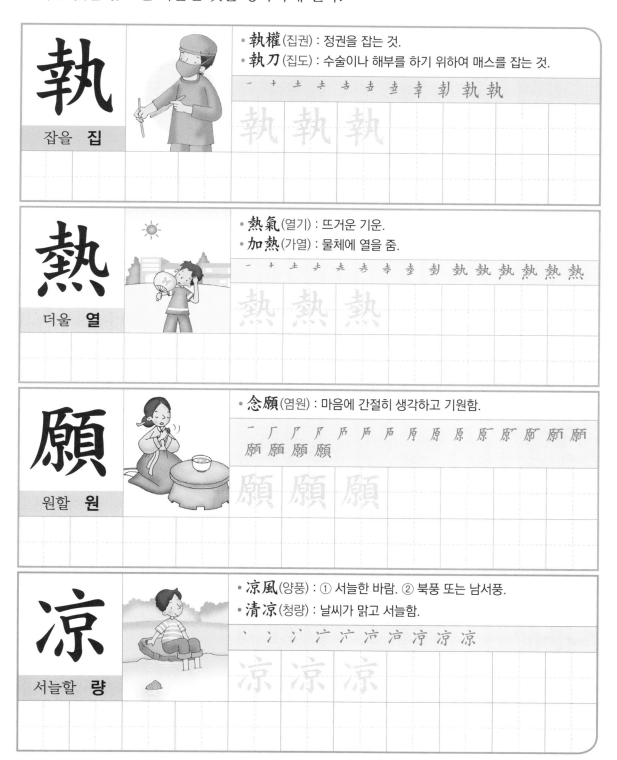

執
잡을 **집**

- **執權**(집권) : 정권을 잡는 것.
- **執刀**(집도) : 수술이나 해부를 하기 위하여 매스를 잡는 것.

一 十 土 圡 ㄎ 坴 坴 幸 剌 執 執

熱
더울 **열**

- **熱氣**(열기) : 뜨거운 기운.
- **加熱**(가열) : 물체에 열을 줌.

一 十 土 圡 ㄎ 坴 坴 坴 剌 執 執 埶 埶 熱 熱

願
원할 **원**

- **念願**(염원) : 마음에 간절히 생각하고 기원함.

一 厂 厅 斤 斤 原 原 原 原 原 原 原 願 願
願 願 願 願

凉
서늘할 **량**

- **凉風**(양풍) : ① 서늘한 바람. ② 북풍 또는 남서풍.
- **清凉**(청량) : 날씨가 맑고 서늘함.

丶 冫 冫 冫 广 汽 泸 泸 涼 涼 涼

驢騾犢特 (여라독특)

나귀와 노새와 송아지와 수소는,

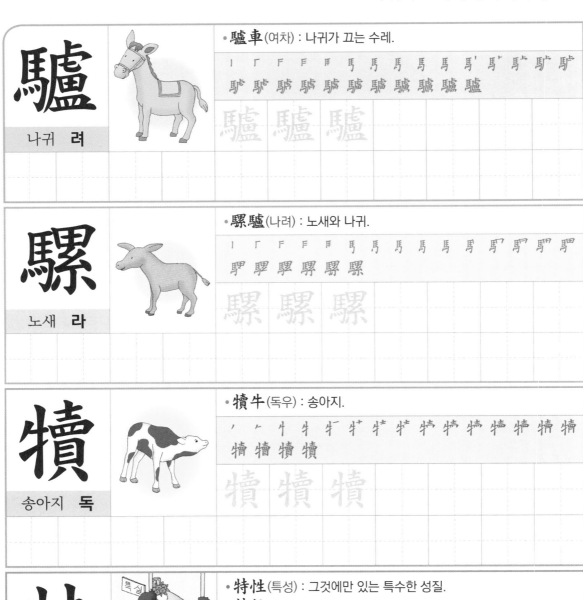

驢 나귀 **려**

• 驢車(여차) : 나귀가 끄는 수레.

丨 丆 丆 丆 丆 馬 馬 馬 馬 馬 馬 馬' 馬' 馬' 馿 馿
馿 馿 馿 驢 驢 驢 驢 驢 驢 驢 驢

驢 驢 驢

騾 노새 **라**

• 騾驢(나려) : 노새와 나귀.

丨 丆 丆 丆 丆 馬 馬 馬 馬 馬 馬 馬' 馬' 馬' 騾
騾 騾 騾 騾 騾 騾

騾 騾 騾

犢 송아지 **독**

• 犢牛(독우) : 송아지.

丿 丶 丬 牛 牛 牛 牜 牜 牜 牪 牪 牪 牪 犢
犢 犢 犢 犢

犢 犢 犢

特 특별할, 수소 **특**

• 特性(특성) : 그것에만 있는 특수한 성질.
• 特牲(특생) : 소 한 마리.

丿 丶 丬 牛 牛 牜 牜 牜 特 特

特 特 特

駭躍超驤(해약초양)

놀란 듯 뛰고 달리며 논다.

駭 놀랄 해	• 驚駭(경해) : 몹시 놀라는 것. • 駭怪(해괴) : 놀랍고 괴상함. 丨 厂 厂 厍 厍 馬 馬 馬 馬 馬 馬 馬 馭 馭 駭 駭 駭 駭 駭 駭

躍 뛸 약	• 躍動(약동) : 생기 있고 활발하게 움직이는 것. 丶 口 口 口 口 甲 문 문 문 문 문 문 문 문 躍 躍 躍 躍 躍 躍 躍 躍 躍 躍 躍

超 뛰어넘을 초	• 超過(초과) : 일정한 수나 양을 넘는 것. • 超人(초인) : 보통 사람보다 훨씬 뛰어난 능력을 가진 사람. 一 十 土 丰 丰 丰 走 起 起 起 超 超 超 超 超

驤 달릴 양	※ ① 들 양. ② 달릴 양, 뛸 양. 丨 厂 厂 厍 厍 馬 馬 馬 馬 馬 馬 馬 馭 馭 馭 馭 馭 馭 馭 驤 驤 驤 驤 驤 驤 驤 驤 驤 驤 驤

誅斬賊盜 (주참적도)

역적과 도적을 베어 물리치고,

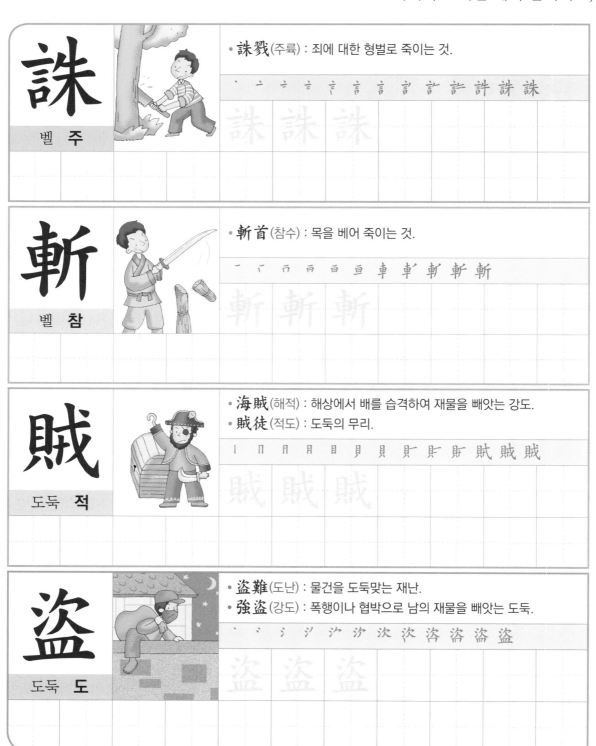

誅
벨 주

• 誅戮(주륙) : 죄에 대한 형벌로 죽이는 것.

`丶 一 亠 宀 言 言 言 訂 訂 許 誅 誅`

誅 誅 誅

斬
벨 참

• 斬首(참수) : 목을 베어 죽이는 것.

`一 厂 币 月 百 車 車 車 斬 斬 斬`

斬 斬 斬

賊
도둑 적

• 海賊(해적) : 해상에서 배를 습격하여 재물을 빼앗는 강도.
• 賊徒(적도) : 도둑의 무리.

`丨 冂 冃 月 目 貝 貝 貯 財 賊 賊 賊`

賊 賊 賊

盜
도둑 도

• 盜難(도난) : 물건을 도둑맞는 재난.
• 強盜(강도) : 폭행이나 협박으로 남의 재물을 빼앗는 도둑.

`丶 冫 汐 汐 汐 次 次 浴 浴 盜 盜`

盜 盜 盜

捕獲叛亡 (포획반망)

배반하고 도망하는 자를 잡아 죄를 다스린다.

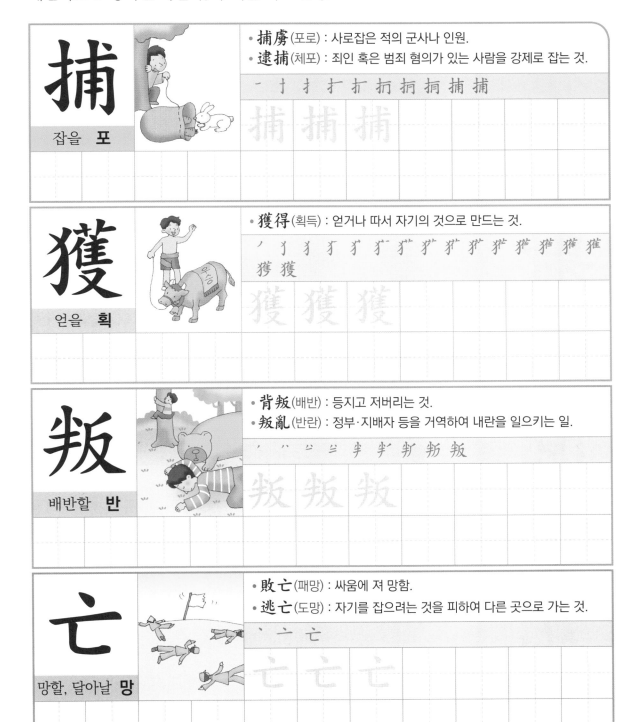

捕
잡을 **포**

- 捕虜(포로) : 사로잡은 적의 군사나 인원.
- 逮捕(체포) : 죄인 혹은 범죄 혐의가 있는 사람을 강제로 잡는 것.

一 亻 扌 扌 扩 折 折 折 捕 捕

捕 捕 捕

獲
얻을 **획**

- 獲得(획득) : 얻거나 따서 자기의 것으로 만드는 것.

丿 犭 犭 犭 犭 犭 犷 犷 犷 犷 犷 獲 獲 獲 獲 獲

獲 獲 獲

叛
배반할 **반**

- 背叛(배반) : 등지고 저버리는 것.
- 叛亂(반란) : 정부·지배자 등을 거역하여 내란을 일으키는 일.

丷 丷 丷 亼 半 半 叛 叛 叛

叛 叛 叛

亡
망할, 달아날 **망**

- 敗亡(패망) : 싸움에 져 망함.
- 逃亡(도망) : 자기를 잡으려는 것을 피하여 다른 곳으로 가는 것.

丶 亠 亡

亡 亡 亡

布射僚丸 (포사료환)

여포는 활을 잘 쏘고 웅의료는 공을 잘 굴렸으며,

布
베 포

- **布木**(포목) : 베와 무명.
- **布袋**(포대) : 무명으로 만든 자루.

ノナオ右布

布　布　布

射
쏠 사

- **射擊**(사격) : 화포·총·활 등을 쏘는 것.
- **射殺**(사살) : 활이나 총 따위로 쏘아 죽이는 것.

ノイ亻亻自自身身射射

射　射　射

僚
벗 료

- **同僚**(동료) : 같은 직장이나 부서에서 함께 일하는 사람.

ノイ亻亻伫伫伫伫侉佬倅僚僚僚

僚　僚　僚

丸
알 환

- **丸藥**(환약) : 약재를 가루로 만들어 반죽하여 작고 동글동글하게 빚은 약. 알약.

ノ九丸

丸　丸　丸

嵇琴阮嘯 (혜금완소)

혜강은 거문고를 잘 타고 완적은 휘파람을 잘 불었다.

嵇

산이름 **혜**

※ 중국 하남성 수무현 서북에 있는 산.

丿 一 二 千 禾 禾 禾 秒 秒 秒 秒 嵇 嵇

嵇 嵇 嵇

琴

거문고 **금**

• **琴瑟**(금슬) : 거문고와 비파.

一 二 王 王 王 珏 珏 琴 琴 琴

琴 琴 琴

阮

성 **완**

• **阮丈** (완장) : 남의 삼촌을 높여 이르는 말.

丿 了 阝 阝 阝 阝 阮

阮 阮 阮

嘯

휘파람 **소**

• **長嘯**(장소) : 휘파람을 길게 부는 것. 또는 그 휘파람.

丨 口 口 叮 叮 吋 吽 咻 咻 喘 喘 嘯 嘯 嘯
嘯

嘯 嘯 嘯

237

恬筆倫紙 (염필륜지)

몽염은 붓을 처음 만들었고 채륜은 종이를 만들었으며,

恬 편안할 **염**	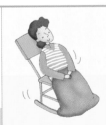	• **恬漠**(염막) : 편안하고 조용함. • **恬然**(염연) : 마음이 편안한 모양.
		丶 丶 忄 忄 忙 忙 忭 恬 恬
		恬 恬 恬

筆 붓 **필**		• **筆記**(필기) : 글씨를 씀. • **代筆**(대필) : 대신하여 글씨를 씀.
		ノ ノ ト ゲ ゲ ゲ 竻 竻 笁 筀 筀 筆
		筆 筆 筆

倫 인륜 **륜**		• **倫理**(윤리) : 사람으로서 마땅히 행하거나 지켜야 할 도리. 인륜. • **天倫**(천륜) : 부자·형제 사이에서 마땅히 지켜야 할 떳떳한 도리.
		ノ イ イ 伶 伶 伶 佮 倫 倫
		倫 倫 倫

紙 종이 **지**		• **休紙**(휴지) : 못 쓰게 된 종이. • **便紙**(편지) : 소식을 서로 알리는 글.
		幺 幺 幺 糸 糸 糸 糿 紅 紙 紙
		紙 紙 紙

鈞巧任釣 (균교임조)

마균은 지남거를 만들었고 임공자는 낚시를 만들었다.

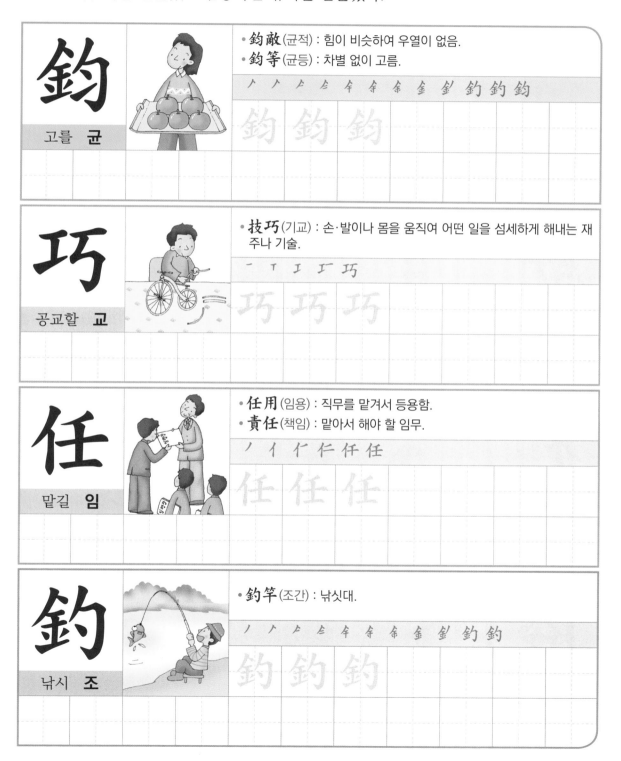

鈞
고를 **균**

- **鈞敵**(균적) : 힘이 비슷하여 우열이 없음.
- **鈞等**(균등) : 차별 없이 고름.

丿 丿 丿 亇 亇 牟 牟 牟 金 釒 釣 釣 釣

鈞 鈞 鈞

巧
공교할 **교**

- **技巧**(기교) : 손·발이나 몸을 움직여 어떤 일을 섬세하게 해내는 재주나 기술.

一 丁 工 巧 巧

巧 巧 巧

任
맡길 **임**

- **任用**(임용) : 직무를 맡겨서 등용함.
- **責任**(책임) : 맡아서 해야 할 임무.

丿 亻 仟 仟 仟 任

任 任 任

釣
낚시 **조**

- **釣竿**(조간) : 낚싯대.

丿 丿 丿 亇 亇 牟 牟 牟 金 釒 釣 釣

釣 釣 釣

釋紛利俗 (석분리속)

이 여덟 사람은 어지러운 것을 풀어 풍속에 이롭게 하였으니,

| 釋
풀 석 |  | • 釋放(석방) : 법에 따라 풀어 자유롭게 하는 것.
ノ ヽ ∧ ∽ 平 乎 乎 乎 采 釆 釆 釋 釋 釋
釋 釋 釋 釋 釋
釋 釋 釋 |

| 紛
어지러울 분 |  | • 紛亂(분란) : 어수선하고 소란한 것.
• 紛爭(분쟁) : 말썽을 일으켜 시끄럽게 다투는 것.
ㄥ ㄠ ㄠ ㄠ 糸 糸 糸 約 紒 紛 紛
紛 紛 紛 |

| 利
이로울 리 |  | • 利用(이용) : 이롭게 씀.
• 便利(편리) : 편하고 이로움.
ノ 二 千 チ 禾 利 利
利 利 利 |

| 俗
풍속 속 |  | • 風俗(풍속) : 옛날부터 그 사회에 행하여 온 사람의 생활 전반에 걸친 습관.
ノ イ イ 俗 俗 伀 伀 俗 俗
俗 俗 俗 |

竝皆佳妙 (병개가묘)

모두가 아름답고 묘한 재주였다.

竝

아우를 **병**

• **竝行**(병행) : ① 나란히 함께 가는 것. ② 두 가지 일을 한꺼번에 아울러서 행하는 것.

丶 亠 亠 竝 竝 竝 竝 竝 竝 竝

竝 竝 竝

皆

다 **개**

• **皆勤**(개근) : 일정한 기간 동안 하루도 빠짐없이 출근하거나 출석하는 것.

一 ヒ ヒ 比 比 比 皆 皆 皆

皆 皆 皆

佳

아름다울 **가**

• **佳人**(가인) : 아름다운 여자. 미인.
• **佳作**(가작) : 썩 잘된 작품.

ノ イ 亻 仁 什 件 佳 佳

佳 佳 佳

妙

묘할 **묘**

• **妙策**(묘책) : 신묘한 꾀.
• **妙技**(묘기) : 교묘한 기술과 재주.

く 女 女 妙 妙 妙 妙

妙 妙 妙

118 _{일차} 毛施淑姿 (모시숙자)

모장과 서시는 모두 현숙한 자태를 가졌으니,

毛

털 모

- **毛髮**(모발) : 사람의 머리털.
- **毛皮**(모피) : 털가죽.

`` ´ 二 三 毛

毛　毛　毛

施

베풀 시

- **施設**(시설) : 설비·장치 등을 차려 놓은 것.
- **施行**(시행) : 실제로 행하는 것.

`丶 ´ 二 方 方 方 施 施 施

施　施　施

淑

맑을 숙

- **淑女**(숙녀) : 교양과 예의를 갖춘 정숙한 여자.
- **貞淑**(정숙) : 여자로서 행실이 곧고 마음씨가 고움.

`丶 丶 氵 氵 汁 汁 汁 汁 沫 淑 淑

淑　淑　淑

姿

모습 자

- **姿態**(자태) : 사람, 특히 여자의 몸가짐과 맵시.
- **姿勢**(자세) : 어떤 동작을 취할 때 몸이 이루는 어떤 형태.

`丶 冫 丬 次 次 次 姿 姿

姿　姿　姿

工嚬姸笑 (공빈연소)

찡그린 모습도 고운데 그 웃는 모습은 얼마나 아름다웠겠는가.

工 장인 공

- **工事**(공사) : 토목, 건축 등의 일.
- **工場**(공장) : 물건을 만드는 곳.

一 丁 工

工 工 工

嚬 찡그릴 빈

- **嚬蹙**(빈축) : 눈살을 찌푸리고 얼굴을 찡그리는 것.

丨 口 口 口¹ 吖 吖 吽 吽 咴 咴 嗶 嗶 嚬 嚬
嚬 嚬 嚬 嚬

嚬 嚬 嚬

姸 고울 연

- **姸醜**(연추) : 아름다움과 추함.
- **姸華**(연화) : 아름답고 화려함.

乀 夊 夊 女 女 奸 奸 姸 姸

姸 姸 姸

笑 웃을 소

- **談笑**(담소) : 좋은 분위기에서 웃으면서 이야기를 주고받는 것.
- **微笑**(미소) : 소리를 내지 않고 빙긋이 웃는 것. 또는 그 웃음.

丿 个 竹 竹 竺 竺 竿 竿 笑

笑 笑 笑

年矢每催 (연시매최)

세월은 화살같이 빠르게 지나가고,

年 해 년

- **每年**(매년) : 해마다.
- **來年**(내년) : 다음 해.

ノ 一 一 二 三 年 年

年 年 年

矢 화살 시

- **弓矢**(궁시) : 활과 화살.
- **弧矢**(호시) : 나무로 만든 활과 화살.

ノ 一 二 午 矢

矢 矢 矢

每 매양 매

- **每事**(매사) : 하나하나의 일. 모든 일.
- **每日**(매일) : 날마다.

ノ 一 仁 毎 毎 毎 毎

毎 毎 毎

催 재촉할 최

- **催促**(최촉) : 빨리 하도록 자꾸 말하거나 압력을 주는 것. 재촉.

ノ イ イ´ イ´ 伫 伫 俨 俨 催 催 催 催

催 催 催

曦 暉 朗 耀 (희휘랑요)

햇빛과 달빛은 온 세상을 밝게 비춘다.

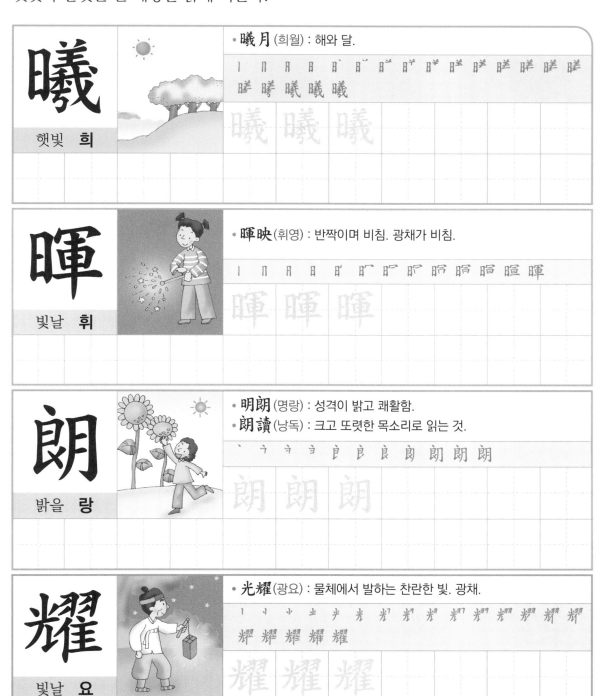

曦
햇빛 희

• 曦月(희월) : 해와 달.

丨	丨	日	日	日	日	日	日	日	日	日	日	日	日
日	日	曦	曦	曦									

曦 曦 曦

暉
빛날 휘

• 暉映(휘영) : 반짝이며 비침. 광채가 비침.

丨	丨	日	日	日	日	日	日	暗	暗	暗	暗	暉

暉 暉 暉

朗
밝을 랑

• 明朗(명랑) : 성격이 밝고 쾌활함.
• 朗讀(낭독) : 크고 또렷한 목소리로 읽는 것.

`	宀	彐	彐	良	良	良	良	朗	朗	朗

朗 朗 朗

耀
빛날 요

• 光耀(광요) : 물체에서 발하는 찬란한 빛. 광채.

丨	丬	屮	业	兴	光	光	光	光	光	光	光	光	耀	耀
耀	耀	耀	耀	耀										

耀 耀 耀

璇璣懸斡 (선기현알)

천체를 관측하는 혼천의는 높이 매달려 돌고,

璇

구슬 선

• **璇璣**(선기) : 고대 중국의 천문 관측 장치로, 천체의 위치나 운행을 관측하는 데 쓰였으며, 혼천의(渾天儀)라고도 함.

一 二 千 王 王 王 廷 玙 玙 玙 玙 琁 琁 琁 璇 璇

璣

구슬 기

• **璣衡**(기형) : 선기옥형(璿璣玉衡)의 준말로, 천문을 관측하는 기계. 혼천의.

一 二 千 王 王 王 琵 璣 琵 璣 琹 璣 璣 璣 璣

懸

달 현

• **懸板**(현판) : 글씨나 그림을 새겨 문 위나 벽에 다는 널조각.

丨 冂 目 月 月 目 旦 県 県 県 県 縣 縣 縣 縣 縣
縣 縣 縣 縣 縣

斡

돌 알

• **斡旋**(알선) : 남의 일을 잘 되도록 주선해 주는 것.

一 十 古 古 古 卓 卓 卓 斡 斡 斡 斡 斡

晦魄環照 (회백환조)

그믐에는 달이 빛을 잃었다가 다시 돌아 보름이 되면 온 세상을 밝게 비춘다.

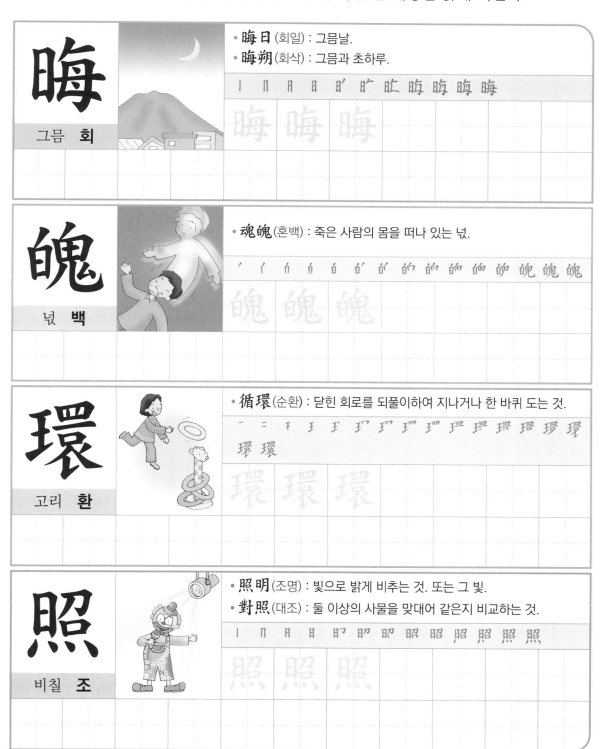

晦 그믐 회

- **晦日**(회일) : 그믐날.
- **晦朔**(회삭) : 그믐과 초하루.

丨 冂 月 日 日′ 旷 晄 晦 晦 晦 晦

晦 晦 晦

魄 넋 백

- **魂魄**(혼백) : 죽은 사람의 몸을 떠나 있는 넋.

′ 亻 冇 白 白 白′ 的 的 魄 魄 魄 魄 魄 魄

魄 魄 魄

環 고리 환

- **循環**(순환) : 닫힌 회로를 되풀이하여 지나거나 한 바퀴 도는 것.

一 二 干 王 王 珂 珂 珂 環 環 環 環 環 環

環 環

環 環 環

照 비칠 조

- **照明**(조명) : 빛으로 밝게 비추는 것. 또는 그 빛.
- **對照**(대조) : 둘 이상의 사물을 맞대어 같은지 비교하는 것.

丨 冂 日 日 日′ 昭 昭 照 照 照 照 照 照

照 照 照

指薪修祐(지신수우)

불타는 나무와 같은 정열로 심신을 닦으면 복을 얻게 되어,

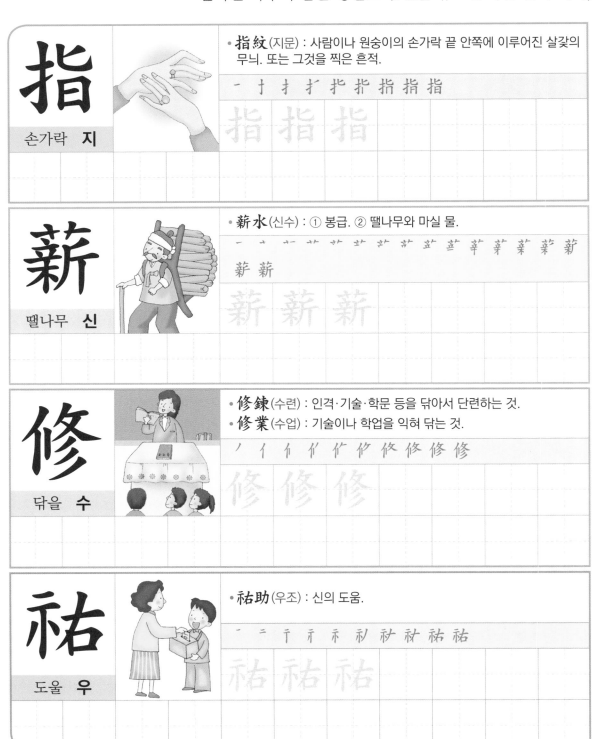

• **指紋**(지문) : 사람이나 원숭이의 손가락 끝 안쪽에 이루어진 살갗의 무늬. 또는 그것을 찍은 흔적.

一 亅 扌 扌 扩 指 指 指 指

指 指 指

손가락 **지**

• **薪水**(신수) : ① 봉급. ② 땔나무와 마실 물.

一 亠 艹 艹 芑 菥 菥 菥 茊 莯 莯 薪 薪 薪 薪

薪 薪

薪 薪 薪

땔나무 **신**

• **修鍊**(수련) : 인격·기술·학문 등을 닦아서 단련하는 것.
• **修業**(수업) : 기술이나 학업을 익혀 닦는 것.

丿 亻 亻 亻 忄 俨 俨 攸 修 修 修

修 修 修

닦을 **수**

• **祐助**(우조) : 신의 도움.

一 亠 亍 示 示 利 秒 衬 祐 祐

祐 祐 祐

도울 **우**

永綏吉卲 (영수길소)

오래도록 편안하고 길한 일이 많을 것이다.

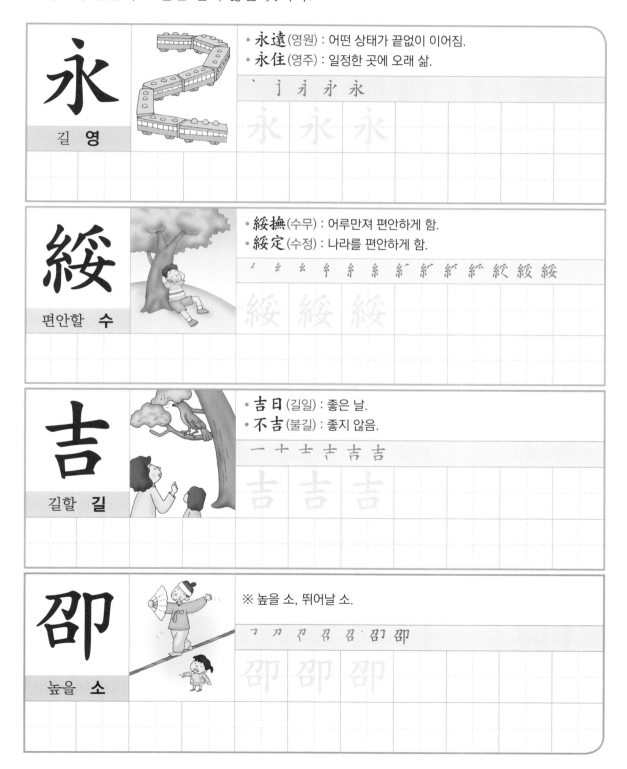

永 길 **영**

- **永遠**(영원) : 어떤 상태가 끝없이 이어짐.
- **永住**(영주) : 일정한 곳에 오래 삶.

`  一 亅 刀 永 永`

永 永 永

綏 편안할 **수**

- **綏撫**(수무) : 어루만져 편안하게 함.
- **綏定**(수정) : 나라를 편안하게 함.

`乚 纟 纟 纟 糸 糸 糸 紓 紓 紓 綏 綏 綏`

綏 綏 綏

吉 길할 **길**

- **吉日**(길일) : 좋은 날.
- **不吉**(불길) : 좋지 않음.

`一 十 士 吉 吉 吉`

吉 吉 吉

卲 높을 **소**

※ 높을 소, 뛰어날 소.

`フ 刀 阝 卲 卲 卲 卲`

卲 卲 卲

矩步引領 (구보인령)

걸음은 절도 있게 바르게 걷고 옷깃은 단정히 여미며,

※ 랑(廊)은 궁전처럼 커다란 건물에 딸린 긴 복도를 말한다.

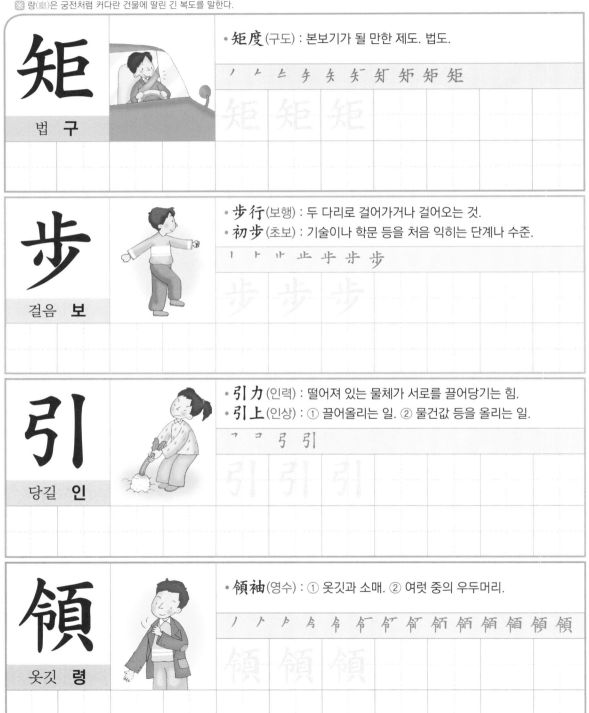

矩
법 구

• 矩度(구도) : 본보기가 될 만한 제도. 법도.

丿 𠂆 𠂉 𠂉 矢 𢒉 𢒉 𢒉 矩 矩

矩 矩 矩

步
걸음 보

• 步行(보행) : 두 다리로 걸어가거나 걸어오는 것.
• 初步(초보) : 기술이나 학문 등을 처음 익히는 단계나 수준.

丨 丨 丅 止 歨 步 步

步 步 步

引
당길 인

• 引力(인력) : 떨어져 있는 물체가 서로를 끌어당기는 힘.
• 引上(인상) : ① 끌어올리는 일. ② 물건값 등을 올리는 일.

一 ㄱ 弓 引

引 引 引

領
옷깃 령

• 領袖(영수) : ① 옷깃과 소매. ② 여럿 중의 우두머리.

丿 亽 亽 令 令 令 令 領 領 領 領 領 領

領 領 領

俯仰廊廟 (부앙랑묘)

궁전과 사당에서는 고개를 숙이기도 하고 우러러보기도 하여 예의를 지킨다.

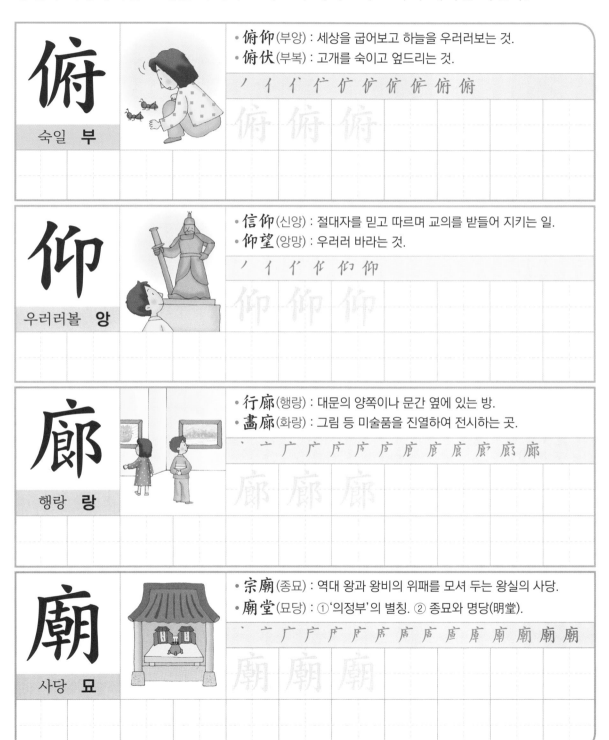

俯
숙일 **부**

- **俯仰**(부앙) : 세상을 굽어보고 하늘을 우러러보는 것.
- **俯伏**(부복) : 고개를 숙이고 엎드리는 것.

ノ イ イ´ 俨 伊 伊 伊 俯 俯 俯

仰
우러러볼 **앙**

- **信仰**(신앙) : 절대자를 믿고 따르며 교의를 받들어 지키는 일.
- **仰望**(앙망) : 우러러 바라는 것.

ノ イ イ´ 化 仰 仰

廊
행랑 **랑**

- **行廊**(행랑) : 대문의 양쪽이나 문간 옆에 있는 방.
- **畵廊**(화랑) : 그림 등 미술품을 진열하여 전시하는 곳.

丶 亠 广 广 广 庐 庐 庐 庐 庐 廊 廊 廊

廟
사당 **묘**

- **宗廟**(종묘) : 역대 왕과 왕비의 위패를 모셔 두는 왕실의 사당.
- **廟堂**(묘당) : ① '의정부'의 별칭. ② 종묘와 명당(明堂).

丶 亠 广 广 广 广 庐 庐 庙 庙 庫 庫 廟 廟 廟 廟

束帶矜莊(속대긍장)

의복을 단정히 함으로써 긍지와 장엄함을 나타내고,

束 묶을 속

- 結束(결속) : 덩이가 되게 묶음.
- 約束(약속) : 상대방과 서로 언약하여 미리 정함.

一 ㄱ ㄐ ㅁ 申 束 束

束 束 束

帶 띠 대

- 革帶(혁대) : 가죽으로 만든 띠. 허리띠.
- 携帶(휴대) : 손에 들거나 몸에 지니는 것.

一 十 卅 卅 卅 卅 卅 帶 帶 帶

帶 帶 帶

矜 자랑할 긍

- 矜持(긍지) : 자신의 능력을 믿음으로써 가지는 자랑.

フ マ ス 予 矛 矜 矜 矜 矜

矜 矜 矜

莊 엄할 장

- 莊嚴(장엄) : 경건하고 엄숙함.
- 莊重(장중) : 장엄하고 무게가 있음.

一 十 卄 卝 芷 莊 莊 莊 莊 莊

莊 莊 莊

徘徊瞻眺 (배회첨조)

이리저리 거닐며 쳐다보고 바라보는 것도 예의에 맞게 한다.

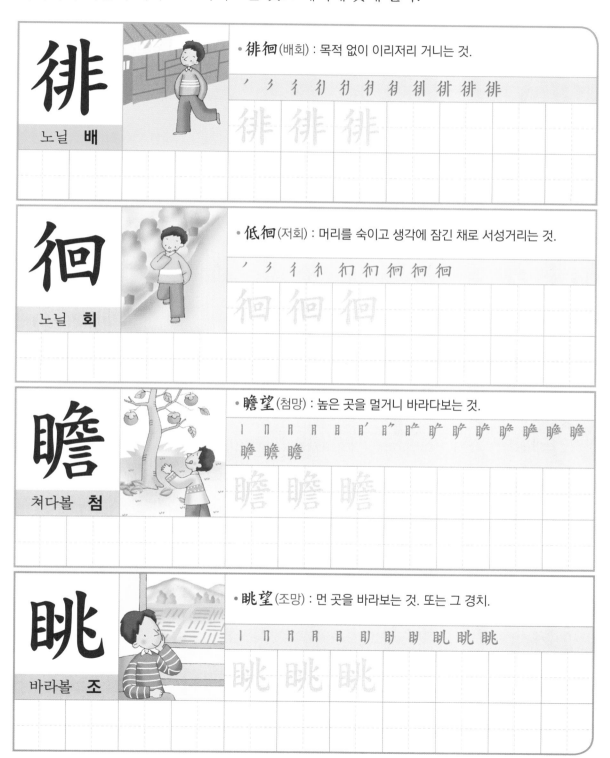

徘 노닐 배

• 徘徊(배회) : 목적 없이 이리저리 거니는 것.

丿 ㇗ 彳 扗 徂 徘 徘 徘 徘 徘

徘 徘 徘

徊 노닐 회

• 低徊(저회) : 머리를 숙이고 생각에 잠긴 채로 서성거리는 것.

丿 ㇗ 彳 衤 徊 徊 徊 徊 徊

徊 徊 徊

瞻 쳐다볼 첨

• 瞻望(첨망) : 높은 곳을 멀거니 바라다보는 것.

丨 冂 冃 目 目 目' 目' 盱 盰 盰 瞻 瞻 瞻
瞻 瞻 瞻

瞻 瞻 瞻

眺 바라볼 조

• 眺望(조망) : 먼 곳을 바라보는 것. 또는 그 경치.

丨 冂 冃 目 目 盯 盻 眺 眺 眺 眺

眺 眺 眺

孤陋寡聞 (고루과문)

외롭고 비루해서 보고 들은 것이 적으면,

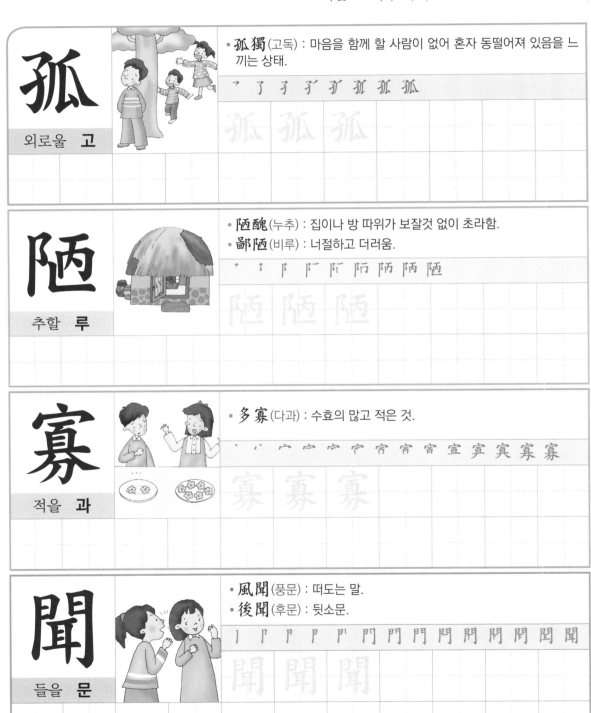

孤
외로울 고

- **孤獨** (고독) : 마음을 함께 할 사람이 없어 혼자 동떨어져 있음을 느끼는 상태.

了 孑 孑 孑 孑 孤 孤 孤

孤 孤 孤

陋
추할 루

- **陋醜** (누추) : 집이나 방 따위가 보잘것 없이 초라함.
- **鄙陋** (비루) : 너절하고 더러움.

阝 阝 阝 阝 阝 阝 阝 阝 陋 陋

陋 陋 陋

寡
적을 과

- **多寡** (다과) : 수효의 많고 적은 것.

宀 宀 宀 宀 宀 宀 宀 宀 宣 寅 寅 寡 寡

寡 寡 寡

聞
들을 문

- **風聞** (풍문) : 떠도는 말.
- **後聞** (후문) : 뒷소문.

門 門 門 門 門 門 門 門 門 門 門 門 聞 聞

聞 聞 聞

愚蒙等誚 (우몽등초)

우매하고 어리석어 다른 사람들의 꾸지람을 듣게 된다.

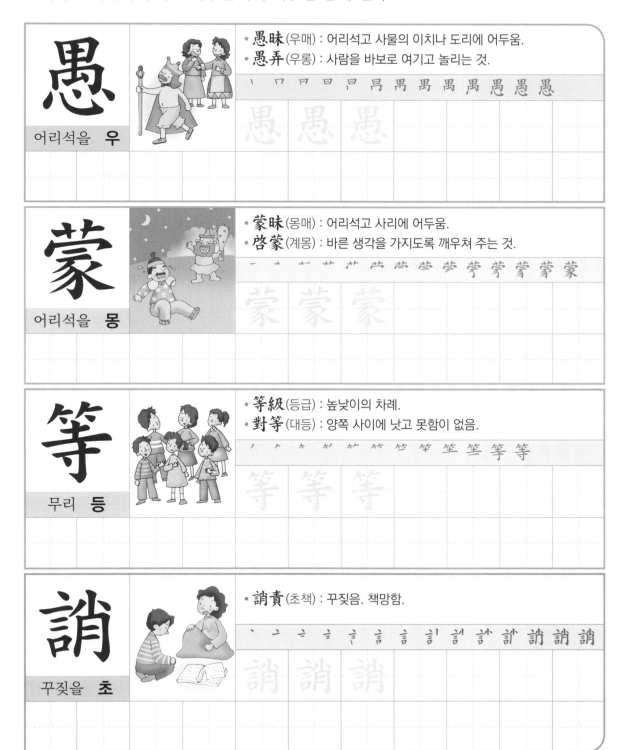

愚

어리석을 **우**

- **愚昧**(우매) : 어리석고 사물의 이치나 도리에 어두움.
- **愚弄**(우롱) : 사람을 바보로 여기고 놀리는 것.

丶 冂 冂 日 旦 甲 禺 禺 禺 愚 愚 愚

愚 愚 愚

蒙

어리석을 **몽**

- **蒙昧**(몽매) : 어리석고 사리에 어두움.
- **啓蒙**(계몽) : 바른 생각을 가지도록 깨우쳐 주는 것.

一 一 艹 艹 艹 芦 芦 萱 莒 夢 夢 蒙 蒙 蒙

蒙 蒙 蒙

等

무리 **등**

- **等級**(등급) : 높낮이의 차례.
- **對等**(대등) : 양쪽 사이에 낮고 못함이 없음.

丿 丿 竹 竺 竺 竺 竺 笁 等 笁 等 等

等 等 等

誚

꾸짖을 **초**

- **誚責**(초책) : 꾸짖음. 책망함.

丶 二 亍 亍 言 言 言 計 計 計 誚 誚 誚

誚 誚 誚

謂語助者 (위어조자)

한문의 조사인 어조라 일컫는 것에는,

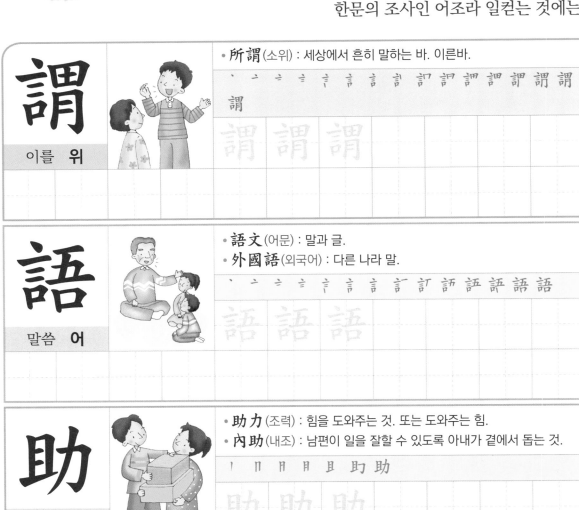

謂
이를 위

- **所謂**(소위) : 세상에서 흔히 말하는 바. 이른바.

、 ニ ニ ニ 言 言 言 訂 訂 訂 謂 謂 謂 謂
謂

謂 謂 謂

語
말씀 어

- **語文**(어문) : 말과 글.
- **外國語**(외국어) : 다른 나라 말.

、 ニ ニ ニ 言 言 言 訂 訝 語 語 語 語
語 語 語

助
도울 조

- **助力**(조력) : 힘을 도와주는 것. 또는 도와주는 힘.
- **內助**(내조) : 남편이 일을 잘할 수 있도록 아내가 곁에서 돕는 것.

丿 刀 凡 月 且 別 助
助 助 助

者
놈 자

- **記者**(기자) : 기사를 집필, 편집하는 사람.
- **技術者**(기술자) : 기술을 가진 사람.

一 十 土 耂 耂 尹 者 者 者
者 者 者

焉哉乎也 (언재호야)

언·재·호·야, 이 네 글자가 있다.

焉 어조사 **언**

· **終焉**(종언) : 어떤 일이나 상황이 끝나 더 이상 세상에 존재하지 않게 되는 것. 마지막.

一 丆 下 正 正 正 焉 焉 焉 焉 焉

焉 焉 焉

哉 어조사 **재**

· **嗚呼痛哉**(오호통재) : 오호라! 가슴아픈 일이로다.

一 十 土 吉 吉 吉 哉 哉 哉

哉 哉 哉

乎 어조사 **호**

· **斷乎**(단호) : 태도나 입장이 매우 과단성 있고 엄함.

一 ノ ㇏ 亚 乎

乎 乎 乎

也 어조사 **야**

· **也無妨**(야무방) : 별로 해로울 것 없음.

フ 也 也

也 也 也

찾/아/보/기

찾/아/보/기

찾/아/보/기

인쇄일 2024년 8월 15일 1판 5쇄
발행일 2017년 12월 15일 1판 2쇄

편저 홍진복
펴낸이 김표연
펴낸곳 학영사
출판등록 제25100-1994-000015호(1994. 9. 16)
주소 서울시 은평구 응암로 331-15 7층
영업소 경기도 고양시 일산동구 성현로513번길 34
전화 (02)353-8280
FAX (02)356-8828

ISBN 978-89-7898-513-0 63710